砥砺奋进的新时代

葛 丽 著

山东大学出版社
·济南·

图书在版编目(CIP)数据

砥砺奋进的新时代/葛丽著.—济南:山东大学出版社,2020.10

ISBN 978-7-5607-6749-9

Ⅰ.①砥… Ⅱ.①葛… Ⅲ.①改革开放-成就-中 Ⅳ.①D619

中国版本图书馆 CIP 数据核字(2020)第 196215 号

策划编辑 武迎新
责任编辑 武迎新
封面设计 牛 钧

出版发行 山东大学出版社
社 址 山东省济南市山大南路 20 号
邮政编码 250100
发行热线 (0531)88363008
经 销 新华书店
印 刷 山东和平商务有限公司
规 格 787 毫米×1092 毫米 1/16
9.5 印张 151 千字
版 次 2020 年 10 月第 1 版
印 次 2020 年 10 月第 1 次印刷
定 价 39.00 元

前言

2021年，我们将迎来中国共产党诞生100周年，在历史长河里的短短100年间，中国共产党带领全国各族人民经历重重磨难和考验，将中国从一个积贫积弱的半殖民地半封建国家建设成为世界第二大经济体，从一个任人欺负的“东亚病夫”成为令世界各国都不敢小看的强大的社会主义力量。这些成就的取得，最根本的原因就在于中国共产党的领导，这100年的历史是中国共产党谱写的一首壮丽史诗。纵观全球，世界上没有任何一个政党能在短短的100年取得如此巨大的辉煌成就。中国共产党毫无疑问是一个伟大的政党。

中国共产党伟大成就的取得也不是一帆风顺的，我们经历了艰辛的探索，也付出了巨大的流血牺牲，甚至多次徘徊在生死关头，如果没有坚定的理想信念，如果没有选择正确的道路，党的事业将难以为继。大革命失败以后，在国民党的白色恐怖下，革命力量大大削弱，无数革命先烈献出了他们年轻的生命，仅存的革命力量不得不去偏远的山区开辟革命根据地，但仍然遭到国民党反动派的疯狂围剿，红军不得不踏上九死一生的漫漫长征之路；抗日战争时期，国民党军队在正面战场上节节败退，日寇在短短半年间侵占了大半个中国，八路军挺身而出，用羸弱的肩膀扛起了挽救中华民族于危亡之中的历史重任，在日军的包围和封锁中举步维艰；新中国成立初期，帝国主义对我们进行包围和封锁，我们几乎在一片废墟中进行社会主义建设，为了探索适合中国的社会主义建设道路，我们在迷茫中徘徊了多年；改革开放以后，我们终于走出了一条中国特色的社会主义道路，走上了社会主义现代化建设的康庄大道。

经过40多年的改革开放，中国走进新时代，我们又一次走到了历史发展的关键时刻：中国经济在几十年的高速发展之后进入中高速发展的新常态，中国改革进入啃“硬骨头”的关键时期，中国社会进入矛盾高发和多发期，中国环境问题已经成为广大民众普遍关注的重要问题……面对这些问题和困难，在这个机遇和挑战并存的新时代，中国共产党必须拿出更加强大的政治勇气，提高执政能力和水平，作出正确的选择，创造新的辉煌。

新时代呼唤新思想。实现新时代的伟大目标需要全新的理念作指导，党的十九大明确提出并系统阐述了习近平新时代中国特色社会主义思想，从理论上系统回答了坚持和发展什么样的社会主义以及怎样坚持和发展中国特色社会主义这一时代课题，对新时代中国特色社会主义的总目标、总任务、总体布局、战略布局、发展方向、发展方式、发展动力、战略步骤、外部条件、政治保证等问题作了全面部署，为中国特色社会主义注入了新的时代内涵，是全党全国人民为实现中华民族伟大复兴而奋斗的行动指南。

新思想开启新征程。在习近平新时代中国特色社会主义思想的指导下，中国特色社会主义现代化建设事业踏上了新征程，我们将在“五位一体”的总体布局、“四个全面”的战略布局以及十四条基本方略的指导下，谱写中国特色社会主义现代化建设事业的新篇章，描绘出一幅中国未来发展的新蓝图，中国共产党的伟大事业将进入一个新的历史进程。

新时代是中国发展新的历史方位，是一个可以大有作为的时代。在这个新时代，中国正发生重大变革，将走向中华民族伟大复兴；2020 年，我们全面建成小康社会；到 2035 年，我们将基本实现现代化；到 2050 年，我们将建成社会主义现代化强国。在中国发展的历史长河中，没有哪一段历史能发生如此巨大的变化，这是中华民族发展的最好时代！

目　录

第一章 新时代作出新部署

几十年的改革开放之后，中国发展一方面取得了举世瞩目的历史成就，我们已经成为世界第二大经济体，已经成为足以影响世界的经济大国，中华民族正以崭新的姿态屹立于世界的东方，国际地位得到前所未有的提升；另一方面，中国进入全面建成小康社会的关键时期和深化改革开放、加快转变经济发展方式的攻坚时期，改革过程中积累的各种矛盾逐渐积聚并显性化，这些矛盾如果处理不好，有可能会影响中国社会主义发展的历史进程，我们的发展正面临着前所未有的机遇和挑战。而在这一阶段，我们不但要全面建成小康社会，实现第一个百年奋斗目标，还要开启全面建设社会主义现代化的新征程，向第二个一百年的奋斗目标迈进，在这一过程中绝不允许出现任何差错。因此，在这一严峻形势下，在这个决定性的历史发展阶段，中国共产党作出了全新的部署。

一、提出“五位一体”的总体布局

总体布局是指全国性生产力和产业结构的总体部署，既是我国社会主义现代化建设事业的全面规划，又是中国特色社会主义现代化建设事业的基本遵循，还是社会和谐发展的内在要求，布局合理不合理、科学不科学直接关系到社会主义现代化进程和社会主义建设事业的成败。2012 年，在党的十八大上，中国共产党提出了经济建设、政治建设、文化建设、社会建设和生态文明建设“五位一体”的总体布局，对推动我国社会主义事业的发展具有重要的指导意义。

(一)"五位一体"布局是与时俱进的结果

改革开放以来,我国经济发展取得了举世瞩目的成就,经济飞速发展,人民群众的物质生活水平普遍提高。随着改革的不断推进,中国共产党对社会主义建设的认识也在不断深化,中国特色社会主义的总体布局也在不断完善和发展。"五位一体"总体布局的提出,是一个渐进的过程,是中国共产党对中国改革实践的认识不断深化、与时俱进的结果。

1.从"两个文明建设"到"三位一体"

1978年召开的党的十一届三中全会作出了把党和国家的工作重心转移到社会主义现代化建设上来的重大决策,中国进入改革开放的新时期,这一伟大决策迅速带来了中国经济上的繁荣,我们以年均两位数的发展速度迅速前进。但在经济高速发展的同时,收入差距也在逐渐拉大,一些人的心理逐渐失衡,人们的思想发生了巨大变化,少数人对我们的社会主义道路产生了质疑,影响了社会主义现代化建设的顺利推进,为保证改革和建设的顺利进行,必须重视和加强思想建设。1982年,在党的十二大上,基于对党的改革开放实践中社会发展相关问题的深刻认识,邓小平提出了同时建设物质文明、精神文明,"两手都要抓,两手都要硬"。

随着改革开放的逐步深入,中国政治体制改革进程逐渐拉开帷幕,中国社会主义现代化事业围绕经济建设、政治建设、精神文明建设三个方面展开,"两手抓"战略方针扩展为"经济建设、政治建设、精神文明建设三位一体"。1987年,党的十三大正式提出了"三位一体"的战略布局,明确社会主义初级阶段要建设充满活力的社会主义经济体制、政治体制、文化体制。1992年,党的十四大上又进一步明确了政治建设的内涵,即加强思想政治工作、加强廉政建设、改进党的领导和党的工作作风等。1997年,党的十五大又明确阐述了经济建设、政治建设、文化建设三者之间的关系,强调三者是一个有机统一的整体,是党的基本路线在经济、政治和文化方面的具体展开。

2.从"三位一体"到"四位一体"

冷战结束以后,面对世界格局的多极化和经济的全球化,中国改革开放多年积攒的社会矛盾逐渐凸显,贫富差距、贪污腐败等社会问题引起广大人民群众的不满,影响了党群关系和政府的公信力,建设和谐社会的愿望越来越强烈。2007年,在党的十七大上,胡锦涛总书记提出经济、政治、文化、社会建设“四位一体”的中国特色社会主义事业总体布局,并写入了党章,指明要“坚持中国特色社会主义经济建设、政治建设、文化建设、社会建设的基本目标和基本政策构成的基本纲领”,并从“四位一体”的总体布局出发,对促进国民经济又好又快发展、坚定不移发展社会主义民主政治、推动社会主义文化大发展大繁荣、加快推进以改善民生为重点的社会建设作了全面部署,提出要努力适应国内外发展形势的变化,满足人民对美好新生活的期待,将社会建设纳入中国现代化建设事业的布局中。

3.“五位一体”战略布局的提出

改革开放多年的迅速发展虽然为我们带来了经济上的繁荣,但也破坏了生态环境。近些年来,经济的高速增长对环境和生态破坏的弊端逐渐显现,生态环境的恶化已经威胁到广大人民群众的身心健康,加强环境和生态保护就成为党和政府更加关注的问题,也成为广大人民群众的迫切需求。随着居民收入水平和受教育水平的不断提高,人民群众对生态环境保护的要求更加强烈。2012年,党的十八大上将“五位一体”总体布局纳入中国特色社会主义现代化建设中,全面推进经济建设、政治建设、文化建设、社会建设和生态文明建设,实现以人为本、全面协调可持续的科学发展。11月17日,习近平总书记在十八届中共中央政治局第一次集体学习中指出,党的十八大把生态文明建设纳入中国特色社会主义事业总体布局中,使生态文明建设的战略地位更加突出,有利于把生态文明建设融入经济建设、政治建设、文化建设、社会建设各个方面和全过程中,中国“五位一体”的总体建设布局全面展开。

“五位一体”总体布局的提出是中国共产党及时应对中国社会主义现代化建设事业中遇到的各种问题以及及时回应中国人民的诉求的结果。它要求经济、政治、社会、文化、生态全面统筹发展,深入贯彻和落实了社会整体协调、可持续发展的精神内涵,描绘了新时代推进中国特色社会主义事业的路线图,找到了解决新时代社会主要矛盾、满足人民美好生活的根本途径,有利于推进中国特色社会主义伟大事业继续向前发展。

(二)“五位一体”总体布局是一个有机整体

“五位一体”的总体布局涵盖了中国特色社会主义现代化建设事业的方

方面面。五大方面虽然各有侧重，但却形成了一个不可分割的有机整体，相互影响，相互促进，共同发展；五个方面中任何一个方面建设不好，都会影响中国现代化事业的发展。这是对中国特色社会主义的认识深化的结果，也是促进社会主义现代化建设事业继续前进的需要。在未来的社会主义现代化建设实践中，我们不能顾此失彼，坚决防止出现重经济、轻生态，或重政治、轻社会等不均衡导向；相反，在今后的建设中，还要进一步强化社会建设和生态建设，在评价和考核各级党政领导班子和主要领导干部时，要适当加大对社会建设和生态文明建设的重视程度和绩效的权重。

1.经济建设是中心

发展是硬道理，是解决中国一切问题的基础和关键。在"五位一体"的总体布局中，经济建设是中心，其他所有的活动都要围绕这一中心展开，中国所有问题最终也要靠经济的大发展来妥善解决。就目前来看，我们要全面建成小康社会，要实现中华民族伟大复兴的中国梦也都需要大力发展经济，都需要解放和发展生产力，推动经济持续健康发展。而经过几十年的高速发展，我国经济已由高速度增长阶段转向高质量发展阶段，同时也进入了由高速增长向中高速增长的新常态，也正处在转变发展方式、优化经济结构、转换增长动力的攻关期，仍然面临着很多发展中的难题。为了解决这些难题，促进中国经济实现新的发展，中国当前所有工作都应当围绕经济建设展开，要坚定不移地贯彻新发展理念、建设现代化经济体系，以实现更高质量、更有效率、更加公平、更可持续的发展。

2.政治建设是保证

中国特色社会主义民主政治是中国共产党和中国人民的伟大创造，是中国社会主义现代化建设事业的政治保证，是坚持党的领导、人民当家作主和依法治国的有机统一，其中，党的领导是人民当家作主和依法治国的根本保证，人民当家作主是社会主义民主政治的本质特征，依法治国是党领导人民治理国家的基本方式，三者统一于我国社会主义民主政治的伟大实践。当前，党的政治建设还存在一些问题，政治体制仍需进一步健全，政治信仰仍需进一步加强，没有政治体制改革的成功，经济体制改革不可能顺利进行，已经取得的改革和发展成果还有可能得而复失，社会上新产生的问题也不能从根本上得到解决。此外，虽然我们党长期执政的地位不会动摇，但我们的执政仍然面临着"执政考验、改革开放考验、市场经济考验、外部环境考验”和“精神懈怠危险、能力不足危险、脱离群众危险、消极腐败危险”。为了成功应对新形势下我们党面临的“四种危险”和“四大考验”，需要不断加强党的政治建设，永葆党的先进性和纯洁性，为夺取新时代中国特色社会主义伟大胜利提供坚强政治保证。

3.文化建设是动力

文化是民族的血脉和灵魂，任何国家和民族都是凭借文化的独特性和内聚力立身于世界民族之林，它决定着一个民族的思想道德水平，渗透到经济建设、政治建设、社会建设、生态文明建设的方方面面，为中国特色社会主义现代化建设事业提供思想保证、精神动力和智力支持。没有文化的繁荣昌盛，就无法实现中华民族的伟大复兴，更不能实现社会主义现代化，中国精神、中国力量便无从体现，文化软实力的竞争已经成为世界各国综合国力竞争的重要内容。为此，我们要培育和践行社会主义核心价值观，加强思想道德建设和社会诚信建设，丰富文化产品和服务，发挥文化引领风尚、教育人民、服务社会、推动发展的作用，弘扬以爱国主义为核心的民族精神和以改革创新为核心的时代精神，加强爱国主义、集体主义、社会主义教育，为改革、发展和稳定提供积极向上的力量。

4.社会建设是条件

社会建设是其他建设顺利进行的条件，是社会和谐稳定的重要保证。要从维护最广大人民根本利益的高度，解决好人民群众最关心、最直接、最现实的利益问题。在学有所教、劳有所得、病有所医、老有所养、住有所居上持续取得新进展，推动社会主义和谐社会建设；要在坚持发展中保障和改善民生，在发展中补齐民生短板、促进社会公平正义。也只有通过社会建设，妥善协调各方面的利益关系，不断满足人民群众日益增长的美好生活需要，才能够切实维护社会公平和正义，才能广泛调动各方面的积极性。为此，我们要加强社会治理制度建设，完善社会治理体系，提高公共服务共建能力和共享水平，建立健全党和政府主导的维护群众权益机制，形成良好的社会秩序，使人民的获得感、幸福感、安全感更加充实、更有保障、更可持续。

5.生态文明建设是要求

“绿水青山就是金山银山”，建设生态文明是关系人民福祉、关乎民族未来的长远大计，生态文明建设“功在当代，利在千秋”，生态文明建设为更长久的发展提供基础性的条件。如果资源短缺、环境恶化，市场经济、民主政治、先进文化、和谐社会都将被破坏,人民的幸福生活更无从谈起,经济的发展也失去了应有之义。为此,我们要加快建设资源节约型、环境友好型社会,从源头上扭转生态环境恶化趋势,为人民创造良好生产生活环境,促进人与自然和谐发展,加快绿色发展,推进美丽中国建设,为全球生态安全和人类可持续发展作出新贡献;要完善生态环境管理制度,坚决制止和惩处破坏生态环境的行为,努力建设天蓝、地绿、水清的美丽中国,还给广大民众一个碧水清天,既要满足当代人的需求,也不能影响后代人的需求,实现中华民族的永续发展!

当前,我们正处于全面建成小康社会的决胜阶段,正处于"两个一百年"奋斗目标的历史交汇期,"五位一体"总体布局的提出为中国未来发展提供了美好规划,是未来推进中国特色社会主义事业的路线图。走进新时代,踏上新征程,按照这一路线图统筹推进、共同发力,中国必定会展现更美的画卷,中国特色社会主义事业必定会展现新的勃勃生机。

二、提出"中国梦"的美好设想

梦想是激励人们发奋前行的精神动力,它超越了生存的需要,是对现有存在状态加以改变的一种渴望,是更高层面的追求,是希望和期许,是动力之源。当一种梦想能够将整个民族的期盼与追求都凝聚起来的时候,这种梦想就有了动员全民族为之不懈奋斗的强大感召力。2012 年 11 月 29 日,习近平总书记在国家博物馆参观"复兴之路"展览时,第一次阐释了"中国梦"的概念:"大家都在讨论中国梦。我认为,实现中华民族伟大复兴,就是中华民族近代以来最伟大的梦想。"他称,到中国共产党成立 100 年,即 2021 年时全面建成小康社会的目标一定能实现,到新中国成立 100 年,即 2049 年时把中国建成美丽、富强、民主、文明、和谐的社会主义现代化国家的目标一定能实现,中华民族伟大复兴的梦想一定能实现。这一伟大梦想把国家、民族和个人作为一个命运的共同体,把国家利益、民族利益和个人利益都紧紧联系在一起,它使潜藏在我们心底深处的爱国种子萌芽滋长,萌生出一种浓浓的家国情怀,这是一个使中国发生天翻地覆变化的梦想,是百年来的"现代化"梦想!因此,这一命题一提出就引起全党、全国各族人民以及世界中华儿女的强烈反响和广泛热议。

（一）中华民族近代以来最伟大的梦想

只有创造过辉煌的民族，才懂得复兴的意义；只有经历过苦难的民族，才对复兴有如此深切的渴望。[①] 在中华民族漫长的历史长河中，我国有过领先世界的古典文明，我们拥有过先进的社会制度、较为发达的科学技术水平，中华文明以其独有的特色走在了世界文明发展的前列，为世界文明进步作出了巨大贡献。封建社会的中国也曾经辉煌兴盛一时，多年来一直是万国来朝的“天朝上国”。但近代以来，随着资本主义的兴起，资本主义世界高速发展，而我们妄自尊大，忽视外界发展，沉浸在自己营造的盛世之中，不思进取，恣意享乐，中国很快落伍了。当帝国主义发展起来后对我们虎视眈眈时，故步自封的封建统治者仍然沉浸在往日的辉煌所造就的梦想之中，直到帝国主义的坚船利炮将这一梦想击得粉碎，中国一步步沦为半殖民地半封建社会，我们饱受帝国主义的欺凌，中国人民生活在水深火热之中。值得庆幸的是，面对亡国灭种的危机，自强不息的中华民族从未放弃对美好梦想的向往和追求，无数仁人志士开始了艰辛的探索，苦苦寻求中华民族伟大复兴的中国道路。

1.仁人志士的求索梦

在帝国主义国家的侵略下，中国人民饱受屈辱和磨难，但是没有在苦难中沉沦，反而开始寻求救国救民的道路。在中国近代史上，为了挽救中华民族于危亡之中，无数仁人志士前仆后继，进行了艰辛的求索：以林则徐、魏源为代表的地主阶级“洋务派”提出“师夷长技以制夷”的主张，希望学习西方后能超越西方，兴建了一批近代工业，但改革在顽固派的反对声中停止；以康有为、梁启超为代表的“维新派”提出变法主张，希望通过变法使封建制度得到新生，但变革触及到了地主阶级的利益，仅仅进行了百日便宣告失败；以洪秀全为代表的农民阶级通过自下而上的起义建立了局部政权，但由于农民阶级自身的局限性，在强大的封建统治者的镇压下很快失败，农民起义军付出了巨大的流血牺牲；以孙中山为代表的资产阶级带着“民族、民权、民生”的全新理念推翻了地主阶级的统治，建立了资产阶级民主共和国，希望带领中国人民走上资本主义民主政治道路，但力量弱小的资产阶级也没能

① 参见《实现中华民族伟大复兴的中国梦》，《经济日报》2019 年 7 月 26 日。

拯救中国，革命胜利果实很快被北洋军阀窃取，中国陷入军阀混战的乱局之中。总之，各阶级的探索都没能找到中国革命的正确道路，洋务派的“富强梦”、维新派的“宪政梦”、革命派的“共和梦”都没有实现，中国复兴的希望逐渐渺茫。

2.中国共产党的救国梦

落后就要挨打，发展才能自强。大浪淘沙，临危受命的中国共产党承担起挽救中华民族于危亡之中的伟大历史使命。中国共产党诞生之后，领导中国人民进行了一场彻底的反帝反封建的新民主主义革命，进行了艰辛的探索，付出了巨大的牺牲：中国共产党诞生初期，没有意识到自己才是革命的领导者，放弃了对革命的领导权，导致了大革命的失败，一批共产党人牺牲在国民党的疯狂屠杀之下。中国共产党人痛定思痛，开始探索农村包围城市、武装夺取政权的独特的中国革命道路，建立了大大小小几十个根据地，国民党反动派又对根据地进行了疯狂的围剿，工农红军在根据地无法生存下去，不得不踏上九死一生的长征之路。此后，浴火重生、凤凰涅槃的中国共产党领导建立了最广泛的抗日民族统一战线。经过艰苦卓绝的浴血奋战，中国人民取得了抗日战争的胜利，将日本帝国主义驱逐出中国，维护了国家的独立和主权。由于国民党反动派悍然发动内战，渴望和平的中国人民不得不通过三年不屈不挠的解放战争，打败了国民党反动派，最终建立了中华人民共和国。

中华人民共和国诞生之后，我们迅速建立起了社会主义政治制度和社会主义经济体系。此外，中国人民还赢得了抗美援朝战争的胜利，这是新中国与世界头号强国——美国之间的比拼和较量，充分显示了社会主义国家团结一心的无穷力量。改革开放以后，我们又开创了改革开放和中国特色社会主义事业，以几十年的快速发展创造了世界经济发展史上的中国奇迹，中国的面貌迎来了极大的改变，生产力得到了空前的解放，中国的发展进入了快车道，中华民族伟大复兴的中国梦有了新的希望，正如习近平总书记所说：“现在，我们比历史上任何时期都更接近中华民族伟大复兴的目标，比历史上任何时期都更有自信、有能力实现这个目标。”[①]这一伟大梦想终将引领我们完成社会主义建设事业并走向共产主义社会的美好未来。

① 《习近平参观〈复兴之路〉强调：空谈误国　实干兴邦》，《人民日报》2012年11月30日。

(二)中国梦归根结底是人民的梦

中国梦包含着国家繁荣昌盛、民族团结强大、人民安居乐业三层深厚意蕴,但最终是人民的幸福梦。正如习近平总书记2013年在第十二届全国人民代表大会第一次会议上所说:"中国梦归根到底是人民的梦,必须紧紧依靠人民来实现,必须不断为人民造福。"中国梦是针对人民的愿望提出来的,是对人民愿望的一种汇聚和升华,也是对几代中国人不懈追求的一种历史延续,反映了中国共产党对人民热切期盼的一种积极回应。

1.中国梦最终是每一个中国人的幸福梦

中国梦是属于全体中国人的共同追求,以实现中华民族的伟大复兴为总目标,致力于国家富强、民族振兴和人民幸福,把国家富强、民族振兴和人民幸福融为一体,凝结着无数仁人志士的不懈努力,承载着全体中华儿女的共同向往,昭示着国家富强、民族振兴、人民幸福的美好前景。[①] 中国梦是国家追求、民族向往、人民期盼的有机结合,体现了中华民族的整体利益,表达了中国人民的共同愿景,而国家富强与民族振兴的最终落脚点都是人民的幸福,即中国梦不仅是国家和民族的梦,还是个人的梦想,只有人民的权利得到保障、利益得以实现、幸福得到满足,中国梦才能实现其内在的本质要求,也只有人民过上了幸福的生活,民族振兴、国家强大才有其内在的重要意义,中国梦最终是每一个中国人的幸福梦。

2.中国梦是要公平实现每一个中国人的发展梦

公平是人类社会稳定和秩序的基石,是人的自由全面发展的动力。我们要建立一个更加公平的社会,保障每一个中国人都有公平发展、实现梦想的机会,尊重每一个人,维护每一个人的合法权益;在自由平等的前提下,为每一个人创造全面发展的机会。实现中华民族伟大复兴的中国梦,需要激发每一个中国人的积极性和创造性,从根本上依赖于建设一个公平的社会,保障每一个人有公平发展的机会。为此,我们必须保障教育公平,加大教育投资比例,政策上也要向农村和弱势群体倾斜,逐步改变城乡分割的二元体制。我们要始终坚持以人为本,建立健全机会均等、开放透明的社会公平流动制度,保障人们公平享有依靠自己的能力以各种合法、公开的形式获得知

---

① 参见习近平:《在同各界优秀青年代表座谈时的讲话》,《人民日报》2013年5月5日。

识和财富的机会，使每一个人都能各得其所、各尽其才，使每一个生活在我们伟大祖国和伟大时代的中国人都能共同享有人生出彩的机会，共同享有梦想成真的机会，共同享有同祖国和时代一起成长与进步的机会！

中国梦是民族的梦，也是每个中国人的梦。为此，党的十九大明确提出，人民对美好生活的向往就是我们的奋斗目标，要坚持以人民为中心，一切为了人民，一切依靠人民，让人民群众过上更体面、有尊严、更加幸福的生活，使全体人民能够公平充分地共享改革发展成果。

（三）为实现中华民族伟大复兴的中国梦而努力奋斗

任何伟大的梦想都不是能够轻易实现的，如今虽然我们比历史上任何时期都更接近、更有信心和能力实现中华民族伟大复兴的目标，但我国是一个有着14亿人口的大国，目前仍处于并将长期处于社会主义初级阶段，经济社会发展水平还不强，地区发展和城乡发展还不平衡，人民生活水平还不高，消除贫困任务还很艰巨，这一梦想也不是很容易就能实现的。中华民族伟大复兴，绝不是轻轻松松、敲锣打鼓就能实现的，我们必须准备付出更为艰苦的努力。

1.实现中国梦必须走中国道路

中国梦的提出，虽然激起了广大民众的无限憧憬，但也面临着诸多问题和挑战，还需要克服很多尖锐的矛盾。中国共产党要团结带领人民有效应对重大挑战，抵御重大风险，克服重大阻力，化解重大矛盾，解决重大问题，坚持走中国特色社会主义道路。这条道路是我们经过千辛万苦探索出来并经过实践检验十分正确的一条道路，这条道路深刻总结了中国近代以来170多年的发展历程，继承了中华民族5000多年的悠久文明，具有深厚的历史渊源和广泛的现实基础。在今后的发展过程中，我们要继续坚定地走中国特色的社会主义道路，在事关中国特色社会主义前途命运的大是大非问题上坚定不移，在改革发展稳定工作中还要敢于碰硬，在全面从严治党上敢于动硬，在维护国家核心利益上敢于针锋相对，决不退缩。①

2.实现中国梦必须弘扬中国精神

人，总是要有点精神的，一个国家、一个民族更是如此；人无精神不立，

---

① 参见《实现中华民族伟大复兴的中国梦》，《经济日报》2019年7月26日。

国无精神不强，精神的力量是无穷的，实现中国梦的伟大梦想必须弘扬中国精神。中华民族是一个勤劳、善良的民族，也是一个注重精神历练的民族，在中华民族历史上，我们形成了诸如“民为贵，社稷次之，君为轻”的民本精神、“天行健，君子以自强不息”的奋斗精神、“先天下之忧而忧，后天下之乐而乐”的爱国精神等，这些精神的核心就是爱国主义的民族精神。在这些精神的指引下，中国人民创造出灿烂的中华民族传统文化，中国曾经在世界上兴盛一时。

改革开放以来，中国特色社会主义现代化建设的实践为中国精神注入了新的时代内涵，即形成了以改革创新为核心的时代精神，在这一精神的指导下，我们冲破思想观念的束缚，革除体制机制的障碍。总之，以爱国主义为核心的民族精神和以改革创新为核心的时代精神是我们的兴国之魂、强国之魂。今天，中华民族正大踏步地走在伟大复兴的新征程上，中国梦本质上也是一种蕴涵社会理想与愿景的人类基本的精神活动，中国精神是中国人民团结合作实现中国梦的精神纽带，是自强不息实现中国梦的精神动力，是拼搏进取实现中国梦的精神力量。

3.实现中国梦必须凝聚中国力量

中国梦是中国人对于国家、民族和个人未来前景的美好梦想，中国梦就是要让每个人获得发展自我和奉献社会的机会。这一梦想的实现需要凝聚中国力量，这一力量来自于中国特色社会主义事业的各个领域、各条战线、各行各业，但当前发展中的中国仍然存在这样那样的问题，实现中华民族的复兴仍有很长的一段路要走，创造全体人民更加美好的生活任重而道远，需要全体人民参与其中，需要各阶层同心同德，要依靠广大民众的辛勤劳动和艰苦努力，要尊重群众的首创精神，充分激发出广大民众的无穷力量，集聚人民群众的无限智慧。

中华民族的复兴之路不可能一帆风顺，注定布满了荆棘和沟壑。中国梦的提出契合中国当前发展的需要，重新凝聚起了中华民族的普遍共识，需要我们发挥独立自主、自力更生、艰苦奋斗的优良传统，挖掘无限的潜力和创造力，保持坚定的政治勇气和决心。这一理念的提出统一了思想，指明了方向，为中国未来的新一轮发展注入了无穷的力量，产生了巨大的感召力和凝聚力，将会空前推进民族复兴的目标早日实现。同时，这个新理念将以习近平同志为核心的党中央治国理政思想提升到新的境界，成为推进历史发展到新的历史时段的强大的精神动力，将带领中国人民踏上中国特色社会主义现代化建设的新征程。只要我们坚定道路自信、理论自信、制度自信和文化自信，中国梦一定会实现！

三、出台“八项规定”，切实转变作风

作风问题关系人心向背，关系党的生死存亡。群众身边的不正之风，极大地损害了党的形象，在党和群众之间砌上了一堵无形的墙；如果不坚决纠正不良风气，任其自由发展下去，就会把党和人民群众隔开，就会使党失去根基、失去血脉、失去力量。中国共产党不同于其他政党的一个显著特征是党的优良作风，深化作风建设，造就一支忠诚、干净、担当的干部队伍一直是我们不断为之奋斗的目标。

改革开放以来，虽然我们一直努力加强党的作风建设，但党内仍然普遍存在形式主义、官僚主义、享乐主义和奢靡之风，并且已经严重影响到了党在人民群众中的良好形象，无形中疏远了党和人民群众之间的联系。2012年12月4日，中共中央政治局会议审议通过了关于改进工作作风、密切联系群众的“八项规定”，从改进调查研究、精简会议活动、精简文件简报、规范出访活动、改进警卫工作、改进新闻报道、严格文稿发表、厉行勤俭节约八个方面对形成党的优良作风提出了具体的要求，吹响了作风建设的“集结号”，发出了全面从严治党、严肃党内政治生活的“动员令”，彰显了党对加强自身作风建设的决心，这对于党始终保持党的先进性和纯洁性、始终保持党同人民群众的血肉联系、始终成为中国特色社会主义现代化建设事业的坚强领导核心具有十分重要的意义。

（一）党风政风，新风扑面

“八项规定”刚提出时，很多人持观望态度，抱侥幸心理，甚至认为这次“八项规定”的提出只是一阵风，为了应付上级检查，一些党员干部把超标办公室打个纸板隔断，把茅台酒装进矿泉水瓶等，准备风头过去后涛声依旧，但让他们没有想到的是，我们这次是下定决心，彻底改变党的形象，以踏石有印、抓铁有痕的决心抓作风建设，并且一抓到底：一方面从小处着手，狠抓细节，猛抓“小事”，从“不张贴悬挂标语横幅，不安排群众迎送，不铺设迎宾地毯，不摆放花草，不安排宴请”，到“严格控制出访随行人员，严格按照规定

乘坐交通工具”，再到“不发贺信、贺电，不题词、题字”，以及中秋抓月饼、端午管粽子、新年限贺卡、全面禁止购物卡等；另一方面从制度入手，将“制度笼子”越扎越紧，先后出台了《党政机关厉行节约反对浪费条例》《关于党政机关停止新建楼堂馆所和清理办公用房的通知》《党政机关国内公务接待管理规定》《中央和国家机关培训费管理办法》等相关制度条例，织就了一张严密的制度之网。新修订的《中国共产党纪律处分条例》将党的十八大以来落实中央“八项规定”精神、反对“四风”的要求转化为纪律条文，使作风建设常态化、制度化。党的十八届六中全会上通过的《关于新形势下党内政治生活的若干准则》再一次强调“把落实中央八项规定精神常态化、长效化”，这充分表明我们党对作风建设重要性、规律性的认识达到了一个新高度。

1.“小事情”解决“大问题”

我们着手抓中央“八项规定”贯彻落实，看起来抓的是小事情，但从实践效果看，解决的是“大问题”，即我们解决的是党员干部的日常规范问题，赢得的是民心。近几年来，广大人民群众真真切切地感受到了党风政风的改变，曾几何时，“吃点喝点玩点不算事”的观点颇有市场，大官大贪、小官小贪的思想根深蒂固，挥霍公款讲排场、比阔气的做法大行其道，人们对此深恶痛绝。如今，领导干部特权少了，与人民群众联系多了；机关里的花架子少了，干实事多了；过年过节，贺卡消失了；节日节庆，大场面庆典取消了；公款旅游、公款吃喝少了；最令人头痛的人情负担少多了，粽子、月饼等一度被异化的东西，重新成为老百姓庆祝佳节的应景美味；曾经生意红火的奢华会所、高档饭店，纷纷“转行求生”……在“八项规定”下的中国政坛，新风扑面，“八项规定”切实改变了中国共产党这一世界上最大执政党的生存状态。

2.“小切口”打开“大变局”

经过几年的坚持，我们从小处入手，刹住了那些曾被认为不可能刹住的歪风邪气，破除了那些曾被认为司空见惯的沉疴痼疾。“一年一个样，五年大变样”，我们向人民交出了一份合格的党风政风成绩单，从中央到地方，一系列相关制度出台，中国共产党的执政方式发生了大变化：开短会，讲短话；不兴建政府性的楼堂馆所；减少交通管制等。另外，为了惩前毖后，我们还查处了一系列不正之风，彰显了我们加强党的作风建设的决心，党的各级领导干部从开会不念稿子、少讲客套话到削减新闻报道字数、时长，再到查处违规行为，迅速回应网络热点问题，小处着眼、大处用力，用“抓铁有痕”的力道逐渐穿透了官僚主义、形式主义的顽固屏障。各级领导干部在这一过程中也逐渐感受到了执政本领恐慌,不断加强学习以提高自己,从而更好地为人民群众服务。如今,饱受诟病的歪风陋习得到有效整治,党政部门的风气焕然一新,“潜规则”因此变得越来越没有市场。“八项规定”回应了群众期盼,赢得了党心民心,改变了中国,成为全面从严治党的亮丽名片。

“人心是最大的政治”,我们党来自人民,失去人民的拥护和支持,党就会失去根基。“八项规定”是党对人民的庄严承诺,实际上是重拾群众路线这一法宝,让人民群众真真切切地看到了我们党进行自我革命的勇气和决心;更重要的是,人民群众由此会更加信任党。在价值多元化的今天,这份信任弥足珍贵,中央“八项规定”开启了中国政治的新常态,中国的政治面貌焕然一新了。

(二)作风建设没有休止符

“八项规定”以为人民服务为根本宗旨,以改进工作作风为抓手,以提高工作效率为目标,以反对官僚主义、形式主义、享乐主义、奢靡之风为具体表现形式,为党员干部划出“红线”、明确“底线”、架起“高压线”,重建执政党的政治伦理,极大地改善了执政党的形象。但抓作风建设收一时之效不难,难就难在抓实抓常、咬住不放、久久为功,作风问题具有顽固性和反复性,具有“一抓就见效,一松就反弹”的特点,因此作风建设是一场持久战,我们需要持之以恒,常抓不懈,不可能毕其功于一役,切不可一阵热、一阵冷。

1.坚定持续抓作风建设的理念

作风问题积习甚深,很难根除,十分顽固,滋生土壤很难彻底铲除,我们必须坚定持续抓作风问题的理念。虽然十八大以来我们抓作风建设取得了一些成绩,但作风问题在我国存在已久,很多问题很难彻底根除。如一些党员领导干部政治站位不高,仍然存在侥幸心理。“八项规定”出台多年,但仍有人顶风作案,超标准接待、高消费娱乐、出入楼堂馆所、违规用房用车等问题依然比较突出,一旦松懈下来,可能很快就会反弹。还有一些干部怕犯错误,干工作时畏首畏尾,不作为或慢作为;一些同群众联系密切的窗口单位门好进了、脸好看了,但事情仍然难办,文山会海、形式主义仍未根本扭转,空话套话依然不少;还有一些干部巧立名目吃、拿、卡、要,收受贿赂时化整为零,存在“打折扣”“绕弯走”的现象,甚至利用现代化的高科技,如电子货币收礼送礼等。因此,我们必须明确作风建设永远在路上,一刻也不能放松。

2.发挥领导尤其是主要领导的率先垂范作用

作风建设要想取得实效,全国上下必须形成良好的氛围,因此需要发挥领导尤其是主要领导的垂范作用,坚持以上率下,领导干部、关键少数发挥带头作用、示范作用和模范作用,各级党组织要切实负起主体责任,书记是第一责任人,班子成员落实"一岗双责",牢固树立起不履行管党治党责任就是严重失职的观念,树立起榜样,以带动和带领整个单位或部门树立严于律己的理念,以使清风正气满乾坤。党的十八大以来,中央政治局一直带头执行中央"八项规定",以实际行动为全党树立了典范,以习近平同志为核心的党中央始终把作风建设放在突出位置,中央政治局多次就落实中央"八项规定"精神进行研究部署,坚持从自身做起,以身作则,严于律己,带头落实中央"八项规定",形成了以上率下的良好态势。

3.建立完善长效机制,常抓不懈

落实"八项规定"精神是一个系统工程,不仅要"治标",还要"治本",不仅要"管住手,管住嘴",还要"管住心",最终要实现从"不敢"到"不想""不能"的根本转变,内化为广大党员领导干部的自觉行为。为此,必须建立落实"八项规定"的一套切实可行的长效机制,在"常""长"二字上下功夫,要坚持常态化,做到经常抓、长期抓,不搞"一阵风",克服"周期律",避免"来时一阵风,风过去无踪",要经常抓督察、经常抓考核、经常抓奖惩,定期进行领导干部作风评议,及时发现苗头性、倾向性问题,对领导干部中出现的不良作风,及时进行警示和查处。

为此,我们首先要完善政绩考核机制,破除长期以来的"唯GDP"倾向,要坚决纠正单纯以经济增长速度评定政绩的偏向,把科学发展观的具体要求进一步细化,逐步落实到对经济、政治、文化、社会、生态文明"五位一体"的综合考评上,注重历史、全面、辩证地考察干部,引导各级领导干部把主要精力放到转方式、调结构、促改革、惠民生上来;其次,要完善干部选拔任用机制,解决一些干部中存在的不敢担当、不敢作为的问题,真正选拔出群众认可、德才兼备、政绩突出、重视基层的领导干部;最后,要完善群众监督机制,用制度保障群众的利益得到实现,使群众日常协调利益、表达诉求、保障权益、开展监督等都有受法律保障的渠道和平台,使为群众服务成为各级领导干部的自觉行动。

作风建设是攻坚战，也是持久战。这么多年，作风问题像割韭菜一样，割了一茬长一茬，症结就在于对作风问题的顽固性和反复性估计不足，缺乏常抓的韧劲、严抓的耐心，缺乏管长远、固根本的制度。[①] 我们必须持之以恒地正风肃纪、抓好作风建设，形成优良作风不是一日之功，克服不良作风也不能一蹴而就，正如习近平同志在中央纪委第二次全体会议上所说："八项规定既不是最高标准，更不是最终目的，只是改进作风的第一步，是共产党人应该做到的基本要求。"

四、严肃查处腐败大案要案，净化党内政治生态

"权力导致腐败，绝对权力导致绝对腐败"，权力与腐败相伴相生，不受约束的权力犹如脱缰的野马，必然会沦落为一些人背后交易进而谋取私利的工具，尤其是市场经济条件下产生了更多的诱惑和机会，滋生了一批腐败分子，这些人的存在不仅影响了党的形象，还有可能危及党的社会主义现代化建设事业，反腐倡廉是关系党的生死存亡和国家长治久安的一项重大政治任务。党的十八大以来，我们不仅严厉查处大案要案，对小贪小腐也坚决不放过，有效地净化了党内政治生态。

（一）坚持"老虎""苍蝇"一起打

贪官不论大小，都是党和国家的蛀虫，危害社会和谐健康。保持党的纯洁性，既要严厉打击小贪小腐，更要打击大贪污、大腐败，即"老虎""苍蝇"一起打。"老虎"是指职务级别较高的，特别是副部级以上的违纪违法分子，这些大案要案虽然涉及面窄，但影响极坏，损失十分巨大；"苍蝇"是指职务级别较低的违纪违法分子，他们在群众身边有的吃、拿、卡、要，有的作风粗暴等，这些小问题看似不起眼，但危害巨大，也是群众最痛恨、反映最强烈的问题。"老虎""苍蝇"一起打是指既要坚决查处大案要案，严肃查办发生在领导机关和领导干部中的滥用职权、贪污贿赂、腐化堕落、失职渎职案件，又要着力解决发生在群众身边的腐败问题，严肃查处损害群众利益的各类案件，

① 参见习近平：《在党的群众路线教育实践活动总结大会上的讲话》，《人民日报》2019 年 10 月 9 日。

切实维护人民合法权益，既不抓大放小，也不抓小放大，既要打击位高权重的“大人物”，也要打击名不见经传的“小人物”。在贪污腐败问题上，没有大小人物的区别，只要触犯了，就坚决出手惩治，决不手软，决不姑息，决不留喘息的机会，这为我们的反腐工作定下了总基调。

1.坚决查处贪腐大案

党的一些高级领导官员，他们的贪腐行为性质严重、危害重大，涉及钱款数额巨大，严重影响到党在人民群众中的形象，必须下定决心坚决肃清。党的十八大以来，我们重拳出击，查处了一批腐败大案要案，一批危害严重的“大老虎”被查处。据中国经济网党政领导人物库统计，到 2019 年 9 月，至少有 187 位省部级及以上官员落马。在这些人中，有 23 人为十八届中央委员，17 人为十八届中央候补委员。这些“大老虎”纷纷落马充分显示了我们反腐的决心，铁腕反腐成为党的十八大以来赢得民心的一大政绩，反腐败正在不断打破“禁区”和“惯例”，以改革开放以来从未有过的反腐力度，预示着中共反腐正进入“新常态”。

2.努力惩治群众身边的贪腐行为

“大老虎”一个个落马固然大快人心，但发生在群众身边的一些贪腐行为由于直接危害群众利益更加让人深恶痛绝，一些基层干部勾结地方宗族势力，欺压百姓、贿选、“微腐败”等问题频频发生，他们无耻地骗取征地补偿款、霸占集体土地、侵占土地流转资金、截留套取学生低保和生活补助资金、冒领粮食直补款等等，其行为之恶劣难以想象，严重损害了群众的切身利益，更挥霍着群众对党和政府的信任。这些“苍蝇”不解决，我们的反腐就无法取得真正的胜利。因此，我们“打虎”力度不减，“拍蝇”也决不手软，中央纪委、国家监委明确表示将从深入推进扶贫领域腐败和作风问题专项治理、开展民生领域专项整治、深挖涉黑腐败和黑恶势力“保护伞”三个方面发力，严惩发生在群众身边的贪腐行为，真正让人民群众感到身边的事有人管，全面从严治党就在身边，从而获得更多、更直接、更实在的获得感、幸福感和安全感。

党的十八大以来，我们党坚持“老虎”“苍蝇”一起打，既查处了周永康、郭伯雄、薄熙来、令计划、徐才厚、苏荣等高级领导干部的严重违纪违法案件，使得“大老虎”无处藏身，也查处了一批发生在群众身边的不正之风和腐败问题，坚持重遏制、强高压、长震慑，做到有腐必反、有贪必肃，向全党全社会表明，我们对腐败采取“无禁区、全覆盖、零容忍”的态度，不论什么人，不论职务多高，只要触犯了党纪国法，就要受到严肃追究和严厉惩处。坚持党纪国法面前没有例外，不放过任何一个层次、任何一个领域的腐败问题，高举利剑，发现一起查处一起，发现多少查处多少，绝不姑息和手软，让那些心存侥幸、还想搞腐败的人断了念头，搞了腐败的人付出代价，力求倒逼党员干部将反腐倡廉视为常态并形成习惯。

如今，经过多年的努力，中国反腐败斗争压倒性态势已经形成，不敢腐的目标初步实现，不能腐的制度日益完善，不想腐的堤坝正在构筑，党内政治生活呈现新的气象，人民群众也切切实实感受到了党反腐的决心和信心。

（二）反腐必须反对特权思想、特权现象

特权是指政治上、经济上在法律和制度之外的权力，搞特权也就是搞特殊化，背离了党全心全意为人民服务的宗旨，特权思想及其衍生的特权现象严重侵蚀党的肌体、损害党的事业。在市场经济条件下，一些领导干部的权力观出现了问题，他们依靠自身特殊身份和地位，为个人谋取私利，割裂了与人民群众的血肉联系，已经形成了一种社会风气，已经成为一个严重的社会问题。这个问题解决不好，领导干部就会成为严重脱离人民群众的高高在上的“特权阶层”。而由于执政党的特殊地位，党风会直接影响社会风气，如果特权思想盛行，就会从党内蔓延至社会各个领域，腐蚀和败坏整个社会风气。因此，腐败的实质就是权力的滥用，腐败就是特权惹的祸，反腐败必须首先反特权，反腐倡廉建设必须反对特权思想、特权现象，把权力关进制度的笼子里。

1.特权思想在中国根深蒂固

中国脱胎于两千多年的封建社会，封建社会的等级制统治中国多年，在社会上留下了根深蒂固的特权思想。社会主义制度在中国的确立虽然摧毁了各种特权思想滋生的制度基础，但各种封建残余思想尚未全面肃清，“一人得道，鸡犬升天”的思想仍然广泛存在，成为公职人员、拿到铁饭碗仍然是很多家长的梦想，每年居高不下的参加公考人数就是明证。一些人在经过多年努力，千辛万苦获得权力以后，就会很容易放松自己。一些党员干部以言代法，办事说情找关系，大兴潜规则，违规开“绿灯”；一些干部以权压法，执法犯法，随意执法，大兴保护主义；还有一些干部徇私枉法，假公济私，以

权谋私，以多种形式违规侵占公共利益，明里暗里为子女亲属升官发财奔走铺路，严重损害了社会公平正义，败坏了党的形象。总之，领导干部如果不能很好地约束自身，不能充分认识权力的人民属性，而是将其作为个人的私人所有，特权思想和特权现象就会广泛存在，就会很容易堕落为腐败分子。

2.深化理想信念教育，密切党同人民群众的血肉联系

中国共产党是没有任何个人利益的无产阶级政党，是奉行全心全意为人民服务的政党，但长期以来的和平环境使很多人的特权思想重新抬头，腐败问题易发多发的背后就是根深蒂固的特权思想，因此必须注重加强对党员干部进行理想信念教育和世界观、人生观、价值观教育，解决好世界观、人生观、价值观这个“总开关”问题。深入开展党性、党风、党纪和党的优良传统教育，增强党性观念，补足精神之“钙”，祛除特权思想之“毒瘤”，教育引导全党特别是广大党员领导干部牢记党的宗旨，以上率下改进作风，坚决贯彻党的群众路线，反对特权思想和特权现象，使党员领导干部尤其是高级干部时刻绷紧廉洁自律这根弦，带头推动建设良好的党内政治文化，自觉同形形色色的特权思想和特权现象作斗争，自觉抵制权钱交易等各种不正之风。

3.把权力关进制度的笼子里

特权的产生源于一些干部错误地将公共权力变成以权谋私的工具，为减少这一现象的产生，必须加强对权力的监督和制约，把权力关进制度的笼子里，通过建立健全结构合理、配置科学、程序严密、制约有效的权力运行机制，形成“不敢腐”的惩戒机制、“不能腐”的防范机制、“不易腐”的保障机制，即反对特权的关键在于强化相关监督机制：一是要认真落实党内监督条例，不断加强对领导干部特别是主要领导干部、单位“一把手”的监督；二是要强化对重大决策、重大项目安排和大额度资金使用的监督和重点单位的财务监督，完善相关的管理制度；三是要积极引导舆论监督，要在把握好舆论监督的尺度和导向性的前提下，鼓励权力公开，让权力在阳光下运行；四是充分利用现代化高科技手段和互联网的全覆盖功能，加强信访群众举报受理工作，构建人民群众的“天网”坚决防治腐败，使各种特权行为无所遁形。

4.反对特权，惩治这一手决不能放松

思想上自觉树立反对特权的思想需要一个长期的过程，制度上的建立、完善和发挥作用也不是短期内就能见效的事情，而对特权行为的严厉惩治

却可以立竿见影，以儆效尤。因此，反对特权思想和特权现象，惩治这一手决不能放松。对违反规章制度的行为，即使是很小的行为也要追究，不允许任何集体和个人凌驾于制度之上。近些年来，我们从小处入手，严厉惩处公车私用、私自收受礼品等各种特权行为，各地纷纷畅通举报途径，对于收到的党员干部搞特权等问题的线索及时查处并通报曝光，在纪委网站开通举报专区，并通过微信随手拍等形式，鼓励群众监督特权行为。对于查出的特权问题专项处置，优先查处，优先通报；对顶风违纪的，无论职务高低，一律从严查处、通报曝光。

“水能载舟，亦能覆舟。”广大人民群众是共产党的执政根基，群众的拥护支持是中国共产党的力量源泉，国家的一切权力来源于人民，权力的行使必须依照法律制度的规定、置于人民的监督之下，切实保证权力始终用来为国家和人民谋利益。中国共产党从革命战争年代开始，就要求所有党员不拿群众一针一线，把全心全意为人民服务作为党的宗旨，从而凝聚起了人心，赢得了新民主主义革命的胜利，建立了新中国。在建设新中国的伟大历程中，我们党也要密切联系群众，不断带领人民群众走向繁荣富强，密切联系群众是我们党的最大政治优势，脱离群众是我们党执政后的最大危险。如今，我们进入建设中国特色社会主义的新时代，密切党和人民群众的联系更加重要，为此，我们必须反对特权思想和特权现象，并在此基础上防治各种腐败行为。

（三）反腐是一场输不起的战争

腐败，自有人类文明以来就一直存在，任何权力都面临被腐蚀的危险，任何执政党都会面对与腐败的斗争，即腐败与文明一直如影随形。只是有的时候严重，有的时候较轻；有的地区严重，有的地区相对较轻。而历史的兴衰都与腐败分不开，吏治兴则国兴，吏治弊则国亡，反腐不仅是一场针锋相对的政治斗争，更是一场正与邪的殊死较量，是一场没有硝烟的战争。在这场较量中，只有斗争到底才能取得最终的胜利。如今，我们踏上了建设中国特色社会主义的新征程，反腐倡廉任重而道远，这是一场严峻复杂的斗争，开弓没有回头箭，反腐永远没有休止符，我们必须继续坚持，要打赢这场战争。

1.反腐压倒性态势已经形成并得到巩固发展

早在七届二中全会上，毛泽东同志就曾告诫同志们继续保持“两个务必”。腐败是社会毒瘤，是我们党面临的最大威胁，人民群众最痛恨腐败现象。如果任凭腐败问题愈演愈烈，最终必然亡党亡国。习近平总书记指出：“不得罪成百上千的腐败分子，就要得罪十三亿人民。这是一笔再明白不过的政治账、人心向背的账！”[①]党的十八大以来，我们党以猛药去疴、重典治乱的决心，以刮骨疗毒、壮士断腕的勇气，扎实推进反腐倡廉工作。我们的反腐败不是看人下菜的“势利店”，不是争权夺利的“纸牌屋”，也不是有头无尾的“烂尾楼”。[②]

以习近平总书记为核心的党中央持续推进反腐败斗争，在反腐败斗争中发实招，出重拳，揪出并惩治了大批贪虎腐蝇，其规模和力度皆为中华人民共和国成立以来所罕见。随着反腐败斗争的强力推进，令人触目惊心的大案要案不断浮出水面，从党、政、军高位权力机关，到央企、科研院所等重要机构，再到地方各级基层行政部门，涉腐官员纷纷落马，这场席卷全国的反腐风暴给国人乃至世界人民带来了强烈的内心震撼。党中央显示决心，中央纪委加强部署，重拳出击，反腐败战场上的压倒性态势已经形成，为“不能腐”制度的建立、“不想腐”堤坝的构筑准备了条件。[③] 在未来的反腐败过程中，我们还要坚决遏制腐败增量，逐步消化腐败存量，巩固反腐败压倒性态势，为改变和维护党的良好形象作出更大努力。

2.反腐形势依然严峻

虽然我们的反腐取得了阶段性的辉煌战绩，已经基本形成了不敢腐的氛围，但还没有取得最终的胜利，我们的压倒性态势还没有形成“定式”，反弹回潮的风险很大，即当前我们的党风廉政建设和反腐败斗争的形势依然严峻，仍然还有一些人持有侥幸心理，对党中央持续正风肃纪的严令置若罔闻，依然我行我素，甚至顶风违纪。从当前信访举报、巡视巡察、监督检查和审查调查情况看，仍有一些人不收手，顶风搞腐败，在一些权力集中、资金密集的重点领域更为突出，群众身边的腐败和作风问题也不容忽视。这一切都表明我们的反腐依然任重而道远，尤其是要形成“不能腐”“不易腐”甚至

① 《习近平关于协调推进“四个全面”战略布局论述摘编》，中央文献出版社 2015 年版，第 155 页。

② 参见《习近平新时代中国特色社会主义思想学习纲要》，人民出版社 2018 年版，第 239 页。

③ 参见《反腐倡廉蓝皮书：中国反腐倡廉建设性报告 No.7》，社会科学文献出版社 2018 年版，第3 页。

“不想腐”的成熟政治环境还有很长的一段路要走。我们决不能因为反腐败形势的一时好转，就以为反腐败出现了所谓的“节点”，可以松口气、放缓步伐了；相反，我们必须深刻认识到，反腐败斗争不可能一蹴而就，也不可能短期内取得压倒性胜利。正如习近平总书记十九大期间在参加贵州代表团讨论时所指出的，在全面从严治党这个问题上，我们不能有“差不多了，该松口气、歇歇脚”的想法，不能有“打好一仗就一劳永逸”的想法，不能有“见好就收”的想法。

3.反腐，永远在路上

习近平总书记在党的十八届中央纪委第二次全体会议上强调：“反腐倡廉必须常抓不懈，拒腐防变必须警钟长鸣，关键就在‘常’‘长’二字，一个是要经常抓，一个是要长期抓。”我们要坚定决心，有腐必反、有贪必肃，不断铲除腐败现象滋生蔓延的土壤，以实际成效取信于民，反腐永远在路上。我们的反腐绝对不是“一阵风”，必须将“严”字长期坚持下去，不断推进党的自我革命，实现自我净化、自我完善、自我革新、自我提高，要不断加强党风廉政建设和反腐败工作，经常“照镜子、正衣冠、洗洗澡、治治病”，保持中国共产党党员的干净、正气和担当，才能真正伏下身子全心全意为老百姓服务。全体党员同志要深刻认识反腐败斗争的长期性、复杂性、艰巨性，坚决把党风廉政建设和反腐败斗争进行到底。

打铁还需自身硬，领导干部不断加强对自身的管理和监督是至关重要的一环。权力是一把“双刃剑”，既可以用来为人民谋利益，也可能被滥用来谋取私利，滋生腐败。权力应当成为一种负担，每一个领导干部都应当明确权力所代表的沉甸甸的责任，真正用好权力，好好利用权力为人民服好务。党的十八大以来，我们付出了巨大努力，坚决惩治腐败行为，维护了党的形象，巩固了党的执政地位，密切了党同人民群众的血肉联系。

综上所述，党的十八大以来，我们在以习近平总书记为核心的党中央领导下，在中国发展的新的历史形势下，对中国的发展做出了全面部署，从“五位一体”总体布局和伟大“中国梦”的提出，到“八项规定”的出台，再到大力查处腐败大案要案，及时回应了事关党和国家事业发展全局的一系列重大理论和现实问题——推进中国特色社会主义伟大事业，决胜全面小康，实现中国梦，中国特色社会主义的发展进入了一个新的历史阶段！

第二章　在全面深化改革中呈现新气象

自党的十一届三中全会以来，中国进入改革开放新时期，在中国共产党的领导下，中国人民众志成城，中国发生了沧桑巨变，中国人民用双手书写了民族和国家发展的新篇章，创造了震惊中外的发展奇迹。党的十八大以来，以习近平同志为核心的党中央坚持党对全面深化改革的集中统一领导，紧紧围绕“完善和发展中国特色社会主义制度，推进国家治理体系和治理能力现代化”的总目标，以非凡的政治勇气、高超的政治智慧、强烈的使命担当，坚定不移地全面推进各项改革。习近平亲自担任中央全面深化改革领导小组组长，出台了一系列文件和相关政策，以前所未有的决心和力度全面深化改革，作出一系列重大战略部署。时至今日，主要领域四梁八柱性质的改革主体框架基本确立，一些重要领域和关键环节改革取得突破，一批重要理论、制度、实践创新成果正在形成，全面深化改革取得重大进展和历史性成就，中国在全面深化改革中呈现出一片新气象。

一、习近平南方考察，强调改革不停顿

2012年12月，习近平同志来到深圳、珠海、佛山和广州，广泛深入农村、企业、社区、部队和科研院所调研，他在亲眼看到这些地区发生的巨大变化后指出，党的十八大向全党和全国发出了深化改革开放新的宣言书、新的动员令，各族人民要坚定不移地走改革开放的强国之路。一路上，习近平反复强调：改革开放是党的历史上一次伟大觉醒。实践证明，改革开放是当代中国发展进步的活力之源，是坚持和发展中国特色社会主义事业的必由之路，我们必须长期坚持下去。尤其是当前我国的改革已经进入攻坚期和深水

区，我们必须以更大的政治勇气和智慧继续深化改革，绝对不能停顿！

（一）改革只有进行时

当前中国进入全面深化改革的转型关键期，各种冲突诉求不断，各种观点主张相互交织，改革红利有所消退，在既得利益的捆绑和陈旧观念的束缚下，改革面临深水区的攻坚战。虽然中国的改革已经翻过了万水千山，但我们前进的道路并不平坦，还有很多硬骨头要啃，会触碰山头主义和利益集团，尤其是当今中国已经进入新时代，我们已经开启了全面深化改革的新征程，中国共产党将带领中国人民继续向顽症痼疾开刀，将改革进行到底。

1.没有改革开放，就没有中国的今天，更没有中国的明天

中华人民共和国建立初期，毫无社会主义建设经验的中国共产党没有找到中国社会主义建设的正确道路，没能及时将工作重心转移到经济建设上来，而是过多地关注阶级斗争，在西方资本主义世界利用第三次科技革命的契机加快发展时，我们仍然在埋头搞阶级斗争。“文革”结束以后，我们骤然发现我们与西方世界拉开了很大的距离。在党的十一届三中全会上，我们做出了改革开放的伟大战略决策。会后，我们开始拨乱反正，迅速将工作重心转移到经济建设上来，进行经济体制改革，加快了对外开放的步伐。此后，我们埋头搞经济建设，以中国历史上前所未有的平均两位数的速度高速向前发展。40 年的众志成城，40 年的砥砺奋进，40 年的春风化雨，我们党团结带领全党全国各族人民创造了人间奇迹，每一次重大的改革都给党和国家的发展注入了新的活力，给事业前进增添了强大动力，党和人民的事业在不断深化改革中波浪式向前推进。

2.中国的改革开放依然任重而道远

中国的改革开放虽然取得了举世瞩目的伟大成就，但依然还有很多深层次的问题没有解决。当前，中国进入全面深化改革的攻坚期，遇到了更多的困难；有的人因为利益受损，对改革颇有怨言，有意阻挠改革；有的人因为收入差距，对改革心生不满，阳奉阴违；有的人因为权力被关进了笼子而捞不到油水，对改革表面赞同，实则不作为、不担当；等等。我们的全面深化改革还得克服这些困难，尤其是在经济新常态下，单纯依靠货币信贷和财政债务刺激，不仅不能实现中国经济持续快速增长，反而会加剧经济体系的风险和不确定性，导致实体经济速度放缓甚至衰退。只有全面深化改革，解决

“旧常态”下调控模式的弊端，尤其是要改变造成这些旧的调控模式的体制原因，推动一系列深层次的改革，才能够显著改善经济增长的质量、提高效率，从而从根本上解决我们面临的各种深层次问题。另外，为确保改革卓有成效，我们要培养出一大批想干事、能干事、干成事的“狮子型”干部，形成允许改革有失误、但不允许不改革的鲜明导向，那些没有担当、只想混日子的干部必须从党内清除。为此，党的十九大以来，我们以更谋长远、更高起点、更涉险滩、更惠民生四大主线全面深化改革，《党的十九大报告重要改革举措实施规划（2018～2022）》对158项改革举措进行了系统梳理，为未来五年的改革描绘了一幅波澜壮阔的“大蓝图”。

创新驱动发展，实干成就未来，改革开放是决定当代中国命运的关键一招，也是决定实现“两个一百年”奋斗目标、实现中华民族伟大复兴的关键一招。实践发展永无止境，解放思想永无止境，改革开放也永无止境，停顿和倒退没有出路，改革开放只有进行时，没有完成时，是一项长期的、艰巨的、繁重的事业，必须一代又一代人接力干下去。

（二）改革措施要围绕人民展开

中国共产党是全心全意为人民服务的党，所做的一切都与人民的利益密切相关。因此，我们的一切改革都应围绕人民群众的需要展开，离开人民需求的改革没有任何意义；改革发展的成果要让广大民众共享，也只有围绕人民群众展开，才能赢得人民群众的认同。改革不停顿，不断增加人民福祉，把社会主义的制度优势越来越多地体现于人民群众美好生活需求的不断满足之上。

1.人民是改革的主体

人民是历史的创造者，是决定党和国家前途和命运的决定性力量，改革始于人民的实践。人民不是游离于改革之外的旁观者，也不仅仅是改革成果的最终受益者、共享者，而是改革的亲历者、实践者、创造者。[①] 改革发展要团结人民、依靠人民，改革发展不是政府单方面的行为，而是要从群众中来，到群众中去，要倾听群众的呼声，从广大人民群众最关心的问题出发，从最广大人民群众的根本利益出发，让改革发展的政策得到广大人民群众的

① 参见李晓兰：《全面深化改革的民生指向》，《理论与当代》2014年第4期。

拥护和支持。

在40年的改革开放进程中，中国共产党依靠中国人民，中国的教育、卫生、文化等各项社会事业加快发展，城乡面貌发生了深刻变化。改革发展的每一项创新和突破都来自于人民群众的智慧和劳动，人民群众是改革的主体，是推动改革的强大力量，是改革成功与否的关键所在。只有让人民共享改革发展成果，改革大业才能凝心聚力，才能使人民将自己的切身利益同改革的命运紧紧联系在一起，才能使人民广泛认同、衷心拥护和大力支持改革，并将其作为共同的事业。①

2.人民对改革发展提出了更高要求

经过多年的改革开放，中国的改革已经进入关键时期，在改革中出现的问题逐渐积聚并爆发；同时，这些问题也是广大民众十分关心的问题。这些问题解决不好，会极大地影响党的形象，人民对改革发展的结果也不会满意。因此，对于改革进程中已经出现和可能出现的问题，困难要一个一个克服，问题要一个一个解决，既敢于出招，又善于应招，做到“蹄疾而步稳”②。尤其是随着经济的发展和人民生活水平的提高，在新时代的改革征程中，人民对美好生活的向往日趋多样化，对质量标准日益挑剔，对产品供给质量提出了更高更新的要求。为了满足这些需求，我们必须付出更大的努力。尤其是要着力解决收入分配差距过大的问题，扩大中等收入群体，让人民对改革有更大的获得感，推动全面深化改革朝着共同富裕的方向稳步前进。

3.人民对美好生活的向往就是我们的奋斗目标

国家发展的最终目标是人民的幸福生活，而我们改革的目的是造福于人民，做到老百姓关心什么、期盼什么，改革就要抓住什么、推进什么，通过改革给人民群众带来更多获得感。③ 我们要始终实现好、维护好、发展好最广大人民根本利益，让改革发展成果更多、更公平地惠及人民。人民对美好生活的向往，就是我们的奋斗目标，各级领导干部都要为实现人民群众对美好生活的向往担当作为。为此，我们必须坚持以人民为中心，始终把人民的利益摆在至高无上的地位，不断增进人民福祉。要加快民生领域各项体制

① 参见蔡国英：《人民满意是深化改革的根本标准》，《学习时报》2014年4月8日。

② 《习近平主持召开中央全面深化改革领导小组第一次会议》，新华网，2014年1月22日。

③ 参见《习近平在中央全面深化改革领导小组第二十三次会议上的讲话》，《人民日报》2016年4月19日。

机制改革，不断完善公共服务体系，着力提高保障和改善民生水平，促进社会公平正义，将公共资源向基层延伸，向弱势群体倾斜，真正解决好人民群众关心的各种现实利益问题，不断增强广大人民的获得感、幸福感和安全感，更好地满足人民对美好生活的期待。

党的十八大以来，以习近平同志为核心的党中央高度重视社会建设，坚持以人民为中心的发展理念，顺应人民群众对美好生活的向往，把增进人民福祉、促进人的全面发展作为一切工作的出发点和落脚点，从人民群众最关心、最直接、最现实的利益问题入手，统筹做好各项保障和改善民生工作，不断提高人民生活水平，取得重大成就。人民群众的幸福感、获得感显著提升，进一步增强了对党的信任和对中国特色社会主义的信念。无论任何时候、做任何事情，都要坚持把人民利益放在第一位，全面深化改革也同样如此。如果偏离了为民这个根本点，改革就会失去意义，也不可能持续。[①]

（三）改革红利要惠及全体人民

改革为了人民，也必须紧紧依靠人民。只有让全体人民共享改革发展成果，让改革红利惠及全体人民，才能使人民的切身利益同改革的命运紧密联系在一起，使改革得到人民的广泛认同、拥护和支持，成为全体人民的共同事业。如果改革只是让一小部分社会成员富裕起来，而多数人的基本状态却没有得到应有的改善，那么改革就必然会失去全体人民的广泛认同、拥护和支持，失去最为基本的推动力量。正如邓小平同志所指出的那样，“如果导致两极分化，改革就算失败了”[②]。

1.建立健全社会保障体系

社会保障体系可以为民众提供基本的生活保障。根据中国社会的现实状况以及建立和谐社会的迫切需要，我们必须不断建立和完善社会保障体系。但我们的经济实力决定我们只能建立低水准、全覆盖、有实效的初级保障体系。为此，我们首先要加大财政投入，进一步提高社会保障支出的比重，扩大保障覆盖面，真正实现“应保尽保”。其次，要加强社保基金的筹集和监管，积极引导参保人员缴纳社会保险费，鼓励社会捐赠，扩大社保基金

---

① 参见吴杰明：《全面深化改革要坚持人民至上》，《解放军报》2013年11月25日。

② 《邓小平年谱（1975～1997）》（下），中央文献出版社2004年版，第1026页。

的筹集渠道。同时,要积极探索基金监督的方式方法,加大保险基金的监管制度,真正保护好老百姓的"养命钱"。最后,要充分发挥商业保险的作用。商业保险的投保水平可以满足更多人的需求,有利于提高我国社会保障的整体水平,所以大力发展商业保险,能为社会成员提供最大限度的保障。

2.建立健全收入分配制度

改革开放以来,中国地区之间、产业之间收入差距逐渐扩大,居民之间贫富差距拉大,民众对此不满加剧,社会矛盾逐渐突出。因此,为使改革成果公平惠及全体人民,必须建立公正合理的收入分配制度,首先要缩小收入差距,通过大力发展经济,"把蛋糕做大",实现十年之内使城乡居民收入"倍增"、"中等收入群体持续扩大,扶贫对象大幅减少"以及"多渠道增加居民财产性收入"的目标任务。其次,要规范收入分配秩序,"把蛋糕分好",着力提高低收入者收入水平,逐步扩大中等收入者比重,保护合法收入,调节过高收入,规范隐性收入,取缔非法收入,促进共同富裕。最后,要改善收入分配格局,提高居民收入在国民收入分配中的比重,提高劳动者报酬在初次分配中的比重,促进社会公平分配,缩小贫富差距。

3.尽力促进社会公平正义

公平正义是社会主义的本质,是美好生活不可或缺的基本内涵,是社会主义核心价值观的组成部分。我们要充分发挥社会主义的制度优势,从制度上为每一个社会成员的发展提供充分的发展空间,造就"让一切劳动、知识、技术、管理和资本的活力竞相迸发,让一切创造社会财富的源泉充分涌流"的大好局面,为每一位社会成员提供各种平等发展、自主创造的机会,使每一位社会成员都看得到希望,都有不断进步的机会。为此,我们一方面应当注重鼓励社会成员的自主创业,培养群众的自主创新能力,为社会提供大量的财富生长点和巨大的发展空间,促进社会的发展;另一方面要采取种种有力的措施,尽力消除来自户籍、家庭以及地域等方面的歧视及排斥现象,实现平等的社会流动,使每个人都拥有不断向上发展的机会。①

发展是解决中国一切问题的基础和关键;改革是推动中国发展的根本动力;开放是中国迈向现代化的必然选择,是决定当代中国命运的关键抉择,是党和人民事业大踏步赶上时代的重要法宝。从农村到城市、从试点到

---

① 参见吴忠民:《让改革红利惠及全体人民》,人民网,2013年11月5日。

推广、从经济体制改革到全面深化改革，极大地解放和发展了社会生产力，中国的改革开放正一步一步走向“深水区”。今天，我国已经发展成为世界第二大经济体，人民生活从短缺走向充裕、从贫困走向小康，中国发生了翻天覆地的变化，实践有力地证明了改革开放的道路是正确的。当今世界格局正处于一个加快演变的历史性进程之中，我们要以更坚定的信心、更有力的措施，把改革开放的旗帜举得更高，把改革开放的道路走得更稳。

二、中央经济工作会议提出转变经济发展方式的战略

经济发展方式是一个国家资源配置、经济运转的主要方式，通常来讲，一个国家在工业化水平较低的时期，大部分的产量提高主要是依靠大量的资源投入；当工业化的水平逐渐提高以后，此时已积累了一定的经济总量，但是资源明显不足，这就要求必须转变经济发展方式。[①] 中华人民共和国成立初期，经济基础非常薄弱，国内缺乏大规模建设所需要的资本与技术，中国的经济增长与发展只能更多地依靠丰富的劳动力资源和尚未大规模开发的自然资源，优先发展重工业。改革开放以后，为了加快经济发展，高投入、高消耗、高污染的粗放式增长方式仍然无法根本改变，给自然资源和生态环境带来了巨大压力。我国没能避免西方“先污染，后治理”的老路，自然资源和生态环境已经亮起了红灯，不仅大量重要资源需要进口，不断恶化的自然环境也增加了老百姓的不满。在重污染的环境下，老百姓的幸福生活无法实现，传统的粗放式经济发展方式难以为继，必须改变。我们在经济发展中也逐渐意识到这一问题，也一直尝试着改变，但成效一直不佳，一些地区，尤其是经济欠发达地区的经济发展方式短期内难以转变过来。

1995 年，十四届五中全会提出“经济增长方式从粗放型向集约型转变”；2002 年，十六大正式提出走“新型工业化”道路；2007 年，十七大明确提出了转变经济发展方式的战略任务；2009 年，中央经济工作会议提出转变经济发展方式刻不容缓；2012 年，十八大强调“以科学发展为主题，以加快转变经济发展方式为主线，是关系我国发展全局的战略抉择”；2013 年，中央经济工作会议上，转变经济发展方式作为一项长期战略被提出，具体阐述了加快经济发展方式转变的重要性和紧迫性，提出要以优化经济结构、提高自主创新能

---

① 参见王成勇：《转变经济发展方式的思考》，《管理观察》2014 年第 30 期。

力为重点。这些表明我们加快转变经济发展方式的决心和勇气，在经济发展方式转变上取得实质性进展。

(一)转变经济发展方式势在必行

改革开放几十年来，中国经济像高速行驶的列车一样，总量一直在高速增长，但这种增长严重依赖低成本要素，即人口和资源的大量投入，而不是依靠科技进步和自主创新。随着我国经济的发展，这一经济发展方式的弊端逐渐显现出来，无论是大自然还是广大民众，都再也难以承受这种经济发展方式带来的沉重压力。为了改变这一状况，转变经济发展方式是必然选择，中国经济发展的快速行驶的列车必须放慢速度。

1.生态环境和自然资源的消耗超出了大自然的承受能力

几十年来，中国粗放式的经济增长方式对生态环境与自然资源的利用超过合理限度，这是一种以牺牲环境为代价的发展模式。近几十年的高速发展给人民的生存空间以及资源带来了巨大的压力，大自然已经无法承受，我国的资源如耕地、淡水、森林和一些矿产资源人均占有率还不及世界平均水平的一半。另外，废水、废气、废渣等污染物的排放量继续增加，以城市为中心的环境污染仍在继续，并逐渐向农村蔓延。大气污染、水流污染、水土流失等带给我们各种挑战，雾霾越来越严重，碳排放问题和河流污染问题愈演愈烈，各种自然灾害频发，人民群众的生命和财产安全受到威胁。传统的依赖自然资源来换得经济发展的模式没有可持续性，或者说，传统的经济发展增长方式持续得越久，造成的环境资源压力就越大，所以转变经济发展方式势在必行。

2.广大民众对美好生活有了更高的要求

近些年来，随着收入水平的提高和受教育程度的提高，人们不再只是满足于温饱，对于环境的恶化不再隐忍；相反，广大民众对美好生活有了更高的需求，尤其人们对居住的环境有了更高的要求，对化工项目、垃圾处理项目的反对越来越激烈。人民期盼有更好的教育、更稳定的生活、更满意的收入、更可靠的社会保障、更高水平的医疗卫生服务、更舒适的居住条件、更优美的环境，期盼孩子们能成长得更好、工作得更好、生活得更好。另外，人民群众对于美好生活的追求还体现在对效率与公平的追求上。长期以来，我们的收入分配方式存在一定的不合理性，无法兼顾效率与公平，贫富差距逐步拉大进一步加剧了民众的不满。因此，我们转变经济发展方式要围绕民众需求展开，最重要的是要围绕以人为本这个核心，促进社会公平正义，做到全面协调、可持续的发展，使经济朝着更有利于人类和社会的方向发展，使人与自然之间建立更加和谐的关系。

3.经济社会发展不平衡、不协调、不可持续的问题日益凸显

经过多年的发展，我国经济社会发展出现了各种矛盾，其中，经济社会发展不平衡、不协调、不可持续的问题十分突出，主要表现在：出口、投资和消费结构失衡，内需不足，产能过剩；产业结构失衡，第二产业主要以低端制造业为主，科技创新能力不强，主要位于产业链的底端，而第三产业发展严重滞后，抑制了教育、医疗、金融、旅游等消费需求；社会各阶层、行业、城乡、地区之间收入分配差距过大，加剧了经济社会发展的不协调；以高投入、高消耗、高污染、低效率为特征的传统经济增长方式导致资源过度消耗、能源短缺、生态环境恶化，经济社会发展难以为继，不可持续，中国经济已经到了只有转型升级才能持续发展的关键阶段。[①] 这些问题的解决需要经济发展方式的转变。

当前，我国正处于全面建成小康社会的攻坚时期，正处于新型工业化、信息化、城镇化、农业现代化同步发展的关键时期，正处于由经济大国迈向经济强国的爬坡过坎时期，要应对错综复杂的国际环境和破解国内发展面临的诸多难题，在这一新形势和经济新常态下，必须通过加快转变经济发展方式，培育新的竞争优势。

（二）经济领域的一场深刻变革

中国传统的经济发展方式是片面的、单一的，会导致投资的盲目扩大以及对资源无节制的开发与利用，长此以往，将出现资源严重短缺、生态环境破坏、社会两极分化、社会不和谐等情况。因此，传统的经济发展方式严重影响了社会文明进步，严重破坏了人类的生存条件，必须转变经济发展方式。转变经济发展方式，不是简单的粗放式经济发展方式向集约式经济发展方式的转变，而是要实现三个转变，即“促进经济增长由主要依靠投资、出口拉动向依靠消费、投资、出口协调拉动转变，由主要依靠第二产业带动向

① 参见《李克强总理在第八届夏季达沃斯论坛致辞》，中国新闻网，2014 年 9 月 11 日。

依靠第一、第二、第三产业协同带动转变，由主要依靠增加物质资源消耗向主要依靠科技进步、劳动者素质提高、管理创新转变”[①]，这是经济领域中的一场深刻的变革，关系改革开放和社会主义现代化建设的全局。

1.经济发展模式的全面转变

转变经济发展方式，首先就是要改变原有的以高投入、高能耗、高物耗、高污染、多占地为特征的“四高一多”式的粗放型增长模式，把推动经济发展的立足点转到提高质量和效益上来，把强化消费需求拉动、现代产业带动、科技进步驱动、循环节约推动、区域协调互动结合起来，着力激发各类市场主体发展的新活力，着力增强创新发展的新动力，着力构建现代产业发展新体系，着力培育开放型经济发展新优势，实现经济发展模式的全新转变。为此，我们必须坚持走中国特色新型工业化、信息化、城镇化、农业现代化道路，推动信息化和工业化深度融合、工业化和城镇化良性互动、城镇化和农业现代化相互协调，促进工业化、信息化、城镇化、农业现代化同步发展，这是对我国经济社会发展阶段和发展任务的科学把握，更是转变发展方式、实现又好又快发展的战略选择。

2.经济质量的全面提高

自改革开放以来，我国经济增长始终处于一个高速发展状态，“中国速度”令世界瞩目。在这一速度下，我们发展成为经济大国、世界第二大经济体，但我们经济发展的质量不高，距离世界经济强国还有很长的一段路要走，我们能在国际上占有一席之地的自主品牌少之又少。当前，随着现代经济发展水平的不断提高，经济发展方式的转变逐渐成为我国国民经济从数量增长到质量提升所面临的关键问题。为此，中国作为最大的发展中国家，要想赶超发达国家，就必须从传统的工业化发展方式向知识经济条件下的工业化、现代化发展方式转变，彻底改变传统的二元经济结构，形成农业经济、工业经济和知识经济并存的三元经济结构，依托知识经济的强大力量促进经济水平和经济质量的提高，使中国经济的发展由高速度向高质量转变。

3.经济结构的全面调整

经济结构的不合理是经济发展方式转变无法顺利进行的主要症结所

---

① 韩永文：《促进经济增长由主要依靠投资、出口拉动向依靠消费、投资、出口协调拉动转变》，《红旗文稿》2008年第2期。

在。转变经济发展方式必须推进经济结构战略性调整，只有这样才能实现中国经济的跨越式发展。由于我国是人口大国，各个地区之间的发展极不平衡，要实现现代化，必须统筹农村和城市的规划，优化经济结构，做到均衡发展。优化经济结构的核心是产业结构的调整和优化，巩固第一产业，提升第二产业，做大做强第三产业，坚持不懈地走中国特色工业化道路，努力实现产业体系的现代化。为此，我们必须加快工业产业化的升级，合理布局建设基础设施和基础产业。传统工业企业要通过提升产业技术淘汰落后生产力，制造业应当通过设备更新和技术创新提高竞争力，新兴的工业产业应当通过新能源和高端技术的引进加快发展力，大力支持重点产业的发展。此外，对于我国相对滞后的服务业，还需要加快发展，以充分发挥服务业的优势，使服务业成为推动我国经济增长的重要力量。

4.市场经济的全面展开

经济发展方式是对生产要素的分配、投入、组合和使用方式，经济发展中市场具备得天独厚的优势，市场经济体制是效率最高的一种资源配置方式。转变经济发展方式需要充分发挥市场在资源配置中的决定性作用，要以社会主义基本经济制度为基础，既能充分发挥价值规律的积极引导作用，又能避免价值规律自发调节可能导致的消极后果。为此，我们要进一步压缩政府权力，开放更大的市场，完善社会主义市场经济体制。但市场经济具有盲目性，我们作为社会主义国家，要充分发挥社会主义制度的优越性，加强对市场经济的监管，抓住要素配置等关键点，更好地发挥政府的作用，规范市场经济体系，完善市场经济秩序，探索新时代社会主义市场经济发展规律，推行统一的市场准入制度，使市场主体能够依法平等进入，充分发挥市场对经济的促进作用，使经济能够自由地、高质量地发展。

转变经济发展方式是在我国经济成功应对国际金融危机冲击、率先企稳回升的关键时期的关键性战略决策部署，立足当前，着眼长远，为下一步我国经济发展指明了前进的方向，必将带来我国经济领域的一场深刻变革。我们要继续坚持把改革开放作为加快转变经济发展方式的强大动力，提高发展的全面性、协调性和可持续性，实现经济又好又快发展。

（三）开启中国经济发展的新征程

中国当前正处于工业化上升期及城镇化加速期，这一发展阶段仍需要大量资源和能源的支持。未来一段时期内，我们对煤炭、钢铁、建材、水泥等资源和能源的需求仍十分旺盛，这些资源和能源都用于高污染、高耗能产业，会对生态造成不良影响，会给我国经济发展方式的转变带来一定的阻碍。为了加快经济发展方式的转变，我们需要加大科技投入，减少高污染企业，探索节能环保的新技术产业，开启中国经济发展的新征程。

1.全面深化经济体制改革

中国经济体制改革需要处理好政府和市场、经济增长和社会发展、深化改革和保持稳定、应对当前挑战和完善体制机制之间的关系，更加重视改革顶层设计和总体规划，加快破除制约科学发展的体制机制障碍，促进经济发展方式转变，推动经济社会全面协调、可持续发展。深化经济体制改革是加快转变经济发展方式的关键，是建立新的经济发展方式的基础。

改革开放以来，我国虽然不断提出要实现经济增长方式转变，但是无法消除传统经济增长模式的影响，主要原因就在我国经济体制身上。因此，转变增长方式必须首先铲除传统增长模式的体制基础，建立和健全新的发展方式的制度环境。为此，我们需要完善以公有制为主体、多种所有制经济共同发展的基本经济制度，建设统一开放、竞争有序的现代市场体系，还要加快政府职能转变，建立与市场经济体制相协调的公共服务型政府，更好地发挥政府作用，处理好政府和市场的关系，这是经济体制改革的核心问题。

2.大力发展低碳经济和循环经济

低碳经济是一种低能耗、低污染、低排放的经济模式。循环经济是以资源节约和循环利用为特征，与环境和谐共生的经济发展模式。低开采、高利用、低排放，使物质和能源在经济循环中得到合理和持久的利用，把经济活动对自然环境的影响尽可能降低，这是人类社会继农业文明、工业文明之后的又一次重大进步。

随着我国经济的发展，由于资源有限和能源危机，为实现经济的可持续发展，真正实现经济发展方式的转变，必须大力发展低碳经济和循环经济，减少粗放型经济发展模式对资源与生态环境造成的不可逆的伤害，提高节能环保水平，建设环境友好型和资源节约型社会，减少污染，避免浪费。大力鼓励环保节能企业的发展，严格控制污染严重以及能耗较高的行业发展，逐步实现绿色循环经济，加快节能减排工程的建设和低碳经济试点的推广，大力宣传资源回收利用以及加强环境保护的宣传力度，努力建设一个低碳、绿色、环保的文明社会。在能源使用上，要大力推广使用清洁能源，如天然气、电等，还要加快发展核能、太阳能、风能等新型能源的开发和利用。

3.不断推进科技进步

科学技术是第一生产力，转变经济发展方式的实质主要是优化资源的配置，从而提高资源使用效率，用最低的投入获得最大的产出和最高的经济效益，这些要靠科学技术来实现，即经济发展方式的转变还要依靠科学技术的进步，促进科学技术进步是转变经济发展方式的中心环节。就目前来看，虽然我国经济发展迅速，产业规模逐渐扩大，但大多属于劳动密集型产业，高精尖产业不多，核心技术产业发展缓慢，转变经济发展方式必须投入新技术、研发新产品、加快技术进步，以科技创新带动经济增长。为此，我们要加大对技术研发的支持力度，以此推动我国经济的良性发展。在未来经济发展中，还要充分利用现代信息化技术，尤其在当前阶段，以互联网为核心的新一轮产业革命已经悄然兴起，正在逐渐改变人们熟悉的世界，会给人民的生产生活带来翻天覆地的变化，我们需要尽快熟悉它、适应它并很好地利用它。另外，科技进步单靠中国一国毕竟力量有限，转变经济发展方式还需要实行更加积极主动的开放战略，建立和完善互利共赢、多元平衡、安全高效的开放型经济体系，使中国经济彻底融入世界经济发展的大潮中，以充分利用世界各国一切先进技术成果，为中国经济发展注入新的发展活力。

4.努力提高劳动者素质

人是经济发展的根本，经济发展的最终目标也是为了人，人力资源是最宝贵的资源，人力资本是经济增长最活跃的影响因素之一和经济发展的引擎。转变经济发展方式，推动经济转型升级和高质量发展，既要有先进装备作基础，又要有劳动者素质和技能提升作支撑，即经济发展方式的转变最终还要靠人来实现，生产力中最活跃的因素就是人的因素，劳动者素质的高低决定了经济发展方式转变的速度。一个国家的经济能否高质量发展取决于其能否有效利用人力资本。

中国自古以来就是人口大国，但就劳动力素质与人力资源水平来说并不是人口强国，我国人力资源水平偏低，劳动力素质有待提高。为真正实现经济发展方式的转变，必须加大人力资本投入、提高劳动者素质，通过加大教育投资、加大培训力度等方式，提高我国研发者、生产者与管理者的素质，其中最重要的是我国高等教育体系的调整。当前我国高等教育中一些课程的设置与社会脱节，一方面每年毕业很多大学生，但找不到合适的工作；另一方面企业招不到自己需要的人才。因此，我们需要与社会接轨，努力培养出一批适合社会发展需要的世界一流科学领军人才以及创新人才。

5.继续创新经济管理方式

转变经济发展方式还需要继续探索新的管理方式，必须转变经济管理方式的考核指标以及考核方式。长期以来，传统经济管理模式以计划经济为主导，以 GDP 增长速度为主要经济绩效指标，这一管理模式为中国积累了雄厚的经济实力，使中国成为举世瞩目的经济大国。但是，随着经济体量的增加，GDP 增长的高速度难以继续维持；资源消耗大、环境污染重的低端制造业所带来的环境压力已到了极限；以房地产业为主的投资拉动难以维系，唯 GDP 论不能够全面反映经济的实际效益以及增长效率，也不能评估和考核经济发展代价，还会使一些地方政府盲目追求 GDP，甚至为了 GDP 的数量采取一些不合适的方法和手段，建立完善经济核算指标体系迫在眉睫。为此，有必要把绿色经济 GDP 加入单纯的 GDP 考核中，把对生态环境的破坏成本、能源资源的消耗以及环境的保护成本核算到单位的产出中，并作为一项重要的考核指标。对企业的管理还要建立完善约束机制和激励机制，充分发挥企业自身的主观能动性，提高企业的效率。

转变经济发展方式是我国目前面临的一个十分严峻的课题，同时也是一个全球性的课题，但经济发展方式的转变是一个漫长而复杂的过程，也困难重重。就当前我国经济发展现状来看，经济转型的压力依然十分明显，政府对经济仍然存在干预过多的状况。我们需要加快政府职能的转变，建设服务型政府，不断完善市场经济体制，优化调整产业结构，逐步实现经济发展方式的转变，实现国民经济的持续、健康发展。

当前，我国经济发展到了一个新关口，面临着现代化进程向何处去的重大选择，也遇到了各种问题，这些难点和问题解决不好，会极大地影响我国的社会主义现代化进程。因此，中国经济应跟上全球经济的发展潮流，努力找到适合自己的经济发展方式，为我们的现代化拓展新的发展空间，实现中国经济的又好又快发展，使中国人民的社会生活水平得到更大的提高。

三、十八届二中全会制定机构改革和职能转变方案

我国行政管理体制模式源于苏联，政府职能按照计划经济的要求设计，

内容庞杂，范围宽泛，管理方式简单，呈现出高度集中、过度管制、单一手段、全面干预的特点。改革开放以来，我国政府先后经历了七次机构改革（1982 年、1988 年、1993 年、1998 年、2003 年、2008 年、2013 年）。历次政府机构改革虽卓有成效，但始终未能跳出所谓的"循环怪圈"。而这种"循环怪圈"表现"在政府机构设置方面是'合并—分开—再合并—再分开'，表现在人员配备方面是'精简—膨胀—再精简—再膨胀'，表现在权力分配上是'集权—分权—再集权—再分权'"[①]。因此，虽然进行了多次改革，但国家行政机构过于臃肿、行政权力干预过多的状况仍然没有发生根本性的改变，政府仍然存在越位、缺位和错位问题，甚至一些地方政府的关注点仍然停留在 GDP 上。

当前我国社会主义市场经济体制不完善，核心问题仍然是政府对资源的直接配置、不合理干预过多。因此，加快转变经济发展方式，必须切实转变政府职能。2013 年 2 月，党的十八届二中全会《公报》指出，要"贯彻党的十八大关于建立中国特色社会主义行政体制目标的要求，以职能转变为核心，继续简政放权、推进机构改革、完善制度机制、提高行政效能，稳步推进大部门制改革"[②]，准备进行改革开放后的第八次政府机构改革。习近平总书记在全会讲话中指出："转变政府职能是深化行政体制改革的核心，实质上要解决的是政府应该做什么、不应该做什么；重点是政府、市场、社会关系，即哪些事应该由市场、社会、政府各自分担，哪些事应该由三者共同承担。"2013 年 3 月，十二届全国人大一次会议审议通过了《国务院机构改革和职能转变方案》，重点是围绕转变职能和理顺职责关系，稳步推进大部门体制改革。这是党中央、国务院作出的重大决策部署，也是全面深化改革的重要内容，新一轮机构改革的大幕已经拉开。

（一）在"放"上下大力气，做好简政放权的"减法"

简政放权是政府自己削手中权、去部门利，必须拿出自我革命、壮士断腕的勇气，向市场放权，向社会放权，向基层放权，充分激发市场和社会的活力，这是一场刀刃向内的自我革命，必须拿出充分的信心和勇气。正如邓小

---

① 白现军：《从怪圈循环到实质突破：新中国 60 年来政府机构改革历程回顾与展望》，《行政论坛》2010 第 1 期。

② 《中共十八届二中全会公报》，财新网，2013 年 2 月 28 日。

平所说："精简机构是一场革命，如果国家继续保持机构臃肿重叠、职责不清，行政人员不称职、不负责任，行政工作缺乏专业能力和效率，这是党和人民都不能容忍的，所以改革势在必行。"①

1.稳步推进大部制改革

大部制即为大部门体制，是一种政府政务综合管理组织体制，即为推进政府事务综合管理与协调，按政府综合管理职能合并政府部门，组成超级大部的政府组织体制，扩大一个部所管理的业务范围，把多种内容有联系的事务交由一个部管辖。政府部门的管理范围广，职能综合性强，部门扯皮少，其特征是"大职能、宽领域、少机构"，从而最大限度地避免政府职能交叉、政出多门、多头管理，以提高行政效率，降低行政成本。当前我国政府机构改革要以职能转变为核心，继续简政放权，完善制度机制，提高行政效能，必须稳步推进大部制改革，提供优质的公共服务，维护社会公平正义。这次进行的大部制改革，除国务院办公厅外，国务院设置组成部门 25 个。

2.着力精简审批事项

行政部门的权力主要集中在各种审批事务上，长期以来，我国审批程序十分复杂，行政效率低下，已经影响了政府的形象。因此，必须深化行政审批制度改革，最大限度地减少行政审批，减少政府对微观事务的管理，加快形成权界清晰、分工合理、权责一致、运转高效、法治保障的国务院机构职能体系，切实提高政府管理科学化水平，给企业松绑，为创业提供便利，营造公平的竞争环境。凡是社会组织能够自律管理的事项，坚决转移给社会组织；凡是市县政府能够承担或实施更为便捷有效的事项，坚决予以下放，要真减真放；凡是国务院、省政府取消和下放的行政审批事项，省直有关部门一律不得截留，不得"捉迷藏"、明放暗不放，要严控新增行政审批事项，从源头上杜绝边减边增、明减暗增。要把行政审批制度改革作为政府职能转变的突破口，以更好地发挥市场在资源配置中的决定性作用和社会力量在管理社会事务中的作用，充分发挥中央和地方两个积极性。凡是市场主体能够自主决定、自担风险、自行调节的事项，坚决取消审批，并公布行政审批事项清单，清单之外的一律不得审批。对于不符合法律规定、利用红头文件设定的管理、收费、罚款项目，一律取消；对于保留的审批事项，要推行权力清单制

① 《邓小平文选》第二卷，人民出版社 1994 年版，第 369 页。

度，公开审批流程，提高审批透明度，压缩自由裁量权。地方政府对应当放给市场和社会的权力，要彻底放、不截留；对上级下放的审批事项，要接得住、管得好。

（二）在“管”上完善法规制度，做好监管的“加法”

“放”和“管”是政府职能转变的两个方面，转变政府职能必须坚持“放”“管”结合，把该“放”的权放开、放到位，该“管”的事管住、管理好。当前大部制改革为行政管理体制改革指明了方向，但改革仍将面临不少挑战，其中最大的阻力仍然是多年来已经被逐步强化了的部门利益。为突破利益的枷锁，更好地发挥政府“有形之手”的作用，必须不断加强法制建设，加强对政府的“监管”，政府职能转变到哪一步，法治建设就要跟进到哪一步，要发挥法治对转变政府职能的引导和规范作用。事实上，我们一直习惯于运用政治或行政手段来推行改革，而忽视了制度和法律的运用，导致我国的政府机构改革频繁反复，使政府职能转变和机构改革难以形成稳定的体系。

1.坚持依法规范行政

长期以来，我国的机构改革更多地注重了形式而忽略了具体程序，从而导致政府效率低下、工作随心所欲的状况始终没有彻底转变，这不仅仅影响了政府机构部门的形象而且也容易损害人民的利益。为了解决这一问题，应该结合我国的实际情况，重视行政管理体制改革中的立法工作，制定出一部适合我国国情的《行政程序法》，这可以保证我国行政机关依法行政，提高行政管理工作效率。各级政府既要重视通过制定新的法律法规来稳固转变政府职能已经取得的成果，又要重视通过修改或废止不合适的现行法律法规为转变政府职能扫除障碍。此外，坚持依法行政，还要制定市场准入负面清单，公布省级政府权力清单、责任清单，切实做到法无授权不可为、法定职责必须为，切实规范行政权力的运行，提高政府工作效能，增强政府的执行力和公信力。

2.严惩各种行政懈怠行为

中国共产党是全心全意为人民服务的政党，自建党之日起就决心做人民的公仆，但时至今日，行政部门与广大民众之间在交往过程中仍然存在高高在上的状况：各部门之间互相推诿扯皮，老百姓有时办一件简单的小事可能都得花费好几天的时间；各种行政懈怠行为频发，行政“不作为”现象突出，对于行政职责拒绝履行，对于行政诉求不予答复或者拖延履行。这些“不作为”与行政中的“乱作为”一样，都将可能侵犯或损害行政相对人的合法权益。因此，我们必须制定相应的法律法规，严厉惩处各种行政懈怠行为，让各级党员干部明确自身的责任，不要以为进入政府部门就是有了铁饭碗，如果不能很好地为老百姓服务，确保老百姓的诉求能够得到及时、有效的回应，“铁饭碗”随时都会变成“瓷饭碗”。

政府作为政策的决策者、公共服务的提供者、政策执行的监督者，在社会进步和经济运行中发挥着越来越重要的作用，必须加强对政府的监管，改变政府自己制定政策、自己执行政策、自己进行评估的格局，强化政府的服务意识，规范政府的行为，更好地为人民服务，树立起为人民服务的良好形象，增强人民群众对政府的认同感，维护政府的权威。

（三）在“服”上不断创新，做好服务的“乘法”

自1988年机构改革起，中央逐渐把改革的目标聚焦在转变政府职能上，这是非常正确的战略抉择，但在具体实践中，政府职能转变是一项具有复杂性、系统性、综合性的改革工程，它不同于机构精简、裁汰冗员这些只涉及政府内部的改革问题，而是要在调整政府与市场、企业、社会多者之间关系的过程中推进行政管理体制改革。① 政府作为公共服务供给主体，必须以群众满意度为出发点，提高人民群众的获得感，完善政府的服务职能；政府机构设置和权力运行应当遵循“公民至上”理念，以实现公共利益为目标。新一轮政府机构改革要以大部制改革带动政府角色从“划桨者”转变为“掌舵者”，在政府职能方面提倡有限政府，在行政模式方面提倡法治政府，在政府信息方面提倡开放政府，在政府责任方面提倡责任政府，最终建立一个精干高效的服务型政府。②

1.充分利用现代科技，构建效率政府

21世纪的政府改革处于信息技术革命的大环境下，“信息革命倒逼改革”，以大数据、云计算、物联网、移动互联网为代表的新一代信息技术为政府改革提供了诸多红利。在立足本国国情、因地制宜的同时，我国机构改革

① 参见吴江：《我国政府机构改革的历史经验》，《中国行政管理》2005年第3期。

② 参见秦浩：《新一轮政府机构改革的目标导向》，《中国党政干部论坛》2017年第9期。

可借鉴西方发达国家整体性治理改革理念和思路，以公民需求为导向，以信息技术为手段，以协调、整合、责任为治理机制，通过不同层级、不同部门的有机协同与整合，促使政府管理从分散走向集中、从部分走向整体、从零碎走向整合，为公民提供无缝隙且非分离的整体型服务的政府治理图式。[①] 全国各地充分利用现代信息和传媒技术，积极探索“互联网＋公共管理”“互联网＋公共服务”“互联网＋公共政策”的现代政府服务模式，从最初的网上信息发布、行政审批事项网上申报，到部分事项网上全流程办理，再到移动客户端网上服务，内容越来越丰富，方式越来越便捷。

2.完全立足于民众需求，真正为群众办实事

服务型政府建立的前提是完全立足于广大民众的需求，真正为群众办实事、办好事。近些年来，为了真正解决老百姓“门难进、脸难看、事难办”的问题，各地普遍设立政务大厅，服务内容不断增加，服务手段不断创新，服务效率不断提高。“一站式”服务模式的建立，不仅为广大人民群众提供了便捷的办事平台，也搭建起了政府联系人民群众的重要桥梁。与此同时，政府的公共服务也在不断加强，深化户籍制度改革，放宽城镇落户条件，提高居住证的“含金量”，保障未落户的城镇常住人口依法享有居住地教育、就业、医疗、社保等基本公共服务，出台促进就业创业的多项政策，鼓励以创业带动就业等，实现行政运行机制和政府管理模式向规范有序、公开透明、便民高效转变，努力建设一个人民满意的政府。

转变政府职能关系到我国伟大的中国特色社会主义现代化建设事业的成败，是一场任务重、阻力大、时间紧的硬仗，打赢这一仗，就能换来职能科学、结构优化、廉洁高效、人民满意的服务型政府，我们要有坚定的信心和决心。另外，政府职能转变和机构改革不是孤立进行的，不仅需要与其他领域改革统筹安排，特别是要与事业单位分类改革协调推进，与教育、科技、文化、医疗卫生、检验检测等行业体制改革相衔接，切实发挥好政府改革在全面深化改革中的带动作用，还需要各级地方政府积极配合，没有地方政府的配合，只有中央政府的“独角戏”，改革效果必然会大打折扣。

---

① 参见寇丹：《整体性治理：政府治理的新趋向》，《东北大学学报》(社会科学版)2012 年第 3 期。

四、提出“精准扶贫”理念，深化农村改革

我们的小康是全面的小康，是全国人民一个都不能少的真正的小康，但我国还存在一些贫困人口，我国扶贫开发始于20世纪80年代中期，通过30多年的不懈努力，取得了很大的成绩，贫困人口大量减少，贫困地区面貌显著变化。但长期以来我们的贫困居民底数不清、情况不明、针对性不强、扶贫资金和项目去向不准的问题仍然十分突出，扶贫开发工作依然是一项十分艰巨而繁重的任务，已进入啃硬骨头、攻坚拔寨的冲刺期。为此，习近平总书记提出了“精准扶贫”理念，“精准扶贫”是指针对不同贫困地区、不同贫困农户状况，运用科学有效的程序对扶贫对象实施精确识别、精确帮扶、精确管理的治贫方式，简单来说就是谁贫困就扶持谁。

“精准扶贫”理念最早提出是在2013年11月，习近平总书记到湖南湘西考察时做出了“实事求是、因地制宜、分类指导、精准扶贫”的重要指示。2014年1月，中共中央办公厅详细规制了精准扶贫工作模式的顶层设计，推动了“精准扶贫”思想落地。2014年3月，习近平参加两会代表团审议时强调，要实施精准扶贫，瞄准扶贫对象，进行重点施策，进一步阐释了精准扶贫理念。2014年6月，国务院扶贫办发布《建立精准扶贫工作机制实施方案》，促进精准扶贫工作从顶层设计、总体布局和工作机制等全面有序有效地推进。2015年6月，总书记来到贵州，强调要科学谋划好“十三五”时期扶贫开发工作，确保贫困人口到2020年如期脱贫，并提出扶贫开发“贵在精准，重在精准，成败之举在于精准”的理念。一时之间，“精准扶贫”成为各界热议的关键词。

（一）精准识别

精准扶贫首先要解决“帮扶谁”的问题，即首先要做到精准识别，要按照统一标准，通过规范的流程和方法，找出真正的贫困村、贫困户，了解贫困状况，分析致贫原因，摸清帮扶需求，这是脱贫攻坚的前提和基础，事关贫困群众脱贫致富和地方经济社会发展的大局，也是精准扶贫最重要的一步。脱贫攻坚工作要做实，必须先把真正的贫困户找出来，把贫困识别、建档立卡工作做实，防止出现“错评”“错退”和“漏评”的问题，使真正需要扶持的人得到扶持，从而脱贫致富。

1.设定贫困人口标准,确保"扶真贫"

中国农村情况复杂,各地经济发展程度差别很大,所以各地要根据当地的经济发展状况设定当地的贫困人口标准,即要根据当地的收入、消费、资产等,更为科学、准确地设定贫困人口的标准,确保能将有限的扶贫基金发放到真正需要的人手中。当前国家对贫困户和贫困县的界定有明确的标准,如果农户年人均可支配收入低于当年国家扶贫标准,且未实现"两不愁三保障"(即不愁吃、不愁穿,义务教育、基本医疗和住房安全有保障),可以经过识别程序审批后认定哪些是贫困户。但在实际工作中,各地还要根据自身的经济发展状况灵活设定各自的具体标准,确保每一个真正的贫困户都能够被识别出来,确保我们扶持的确实是真正的贫困户。

2.完善贫困识别机制,确保把每一个贫困户都能纳入进来

贫困户的实际生活状态千差万别,贫困户的分布有的是整体区域性的贫困,有的是个人或家庭零星式分布的贫困;致贫原因有的是所处地区自然资源的局限性,有的是因病、灾、失业等造成个人或家庭收入严重不足。我们要想把真正的贫困户筛选出来,必须完善贫困识别机制,做全面深入的调查,逐村逐户调查摸底、建档立卡,既要了解本地区整体生活水准,又要了解本地区各家各户的基本状况,最大限度地减少由于贫困户对扶贫政策了解不及时、申请不及时造成的贫困户漏选等情况;既不要漏掉真正的贫困人口,也不能把非贫困人口纳入扶贫对象,特别是要关注因为自然灾害、重大疾病等因素造成的新贫困人口和脱贫后又返贫的人口,让他们能及时获得帮扶。识别贫困的基本程序可以按照贫困原因与程度进行指标分解、区域设定和农户自主申请、调查核实、民主评议与表决、上级审核与公示、精确的信息采集和建档立卡等环节逐次展开。

3.完善公示制度,接受群众监督

为保证扶贫工作真正落到实处,使真正贫困的人得到帮扶,单靠政府的工作很难面面俱到,需要接受广大人民群众的监督,促进贫困人口识别的规范化、程序化、公开化。既要充分发扬基层民主,发动群众广泛参与,把识别权交给基层群众,让同村老百姓按他们自己的"标准"识别谁是穷人,以保证贫困户认定透明公开、相对公平,也要实现村、乡、县等全层级公示公告,进行多层级、多方式的监督,防止漏评、错评。有条件的地方要建立扶贫大数据平台,实现信息共享,让扶贫信息系统接受广泛的社会监督,使扶贫对象

评定更加公开公正。当初步筛选通过的贫困户名单“出炉”后，应在当地村、镇进行二级公示。在公示的过程中，鼓励群众监督举报，并根据举报情况进行认真取证、明察暗访，为精准识别把好最后一关。通过这样的具体实际工作，确保不仅把真正的贫困人口弄清楚，还把贫困程度、致贫原因等搞清楚，以便做到因户施策、因人施策，也只有这样，才能做到扶真贫、真扶贫。

精准识别是精准扶贫的基础，是精准扶贫的“第一粒纽扣”，第一粒纽扣扣错，后面的必然一错到底。只有做到将生活真正贫困且达到帮扶标准的贫困户从那些只是“看起来”贫困的“假贫困户”中精准地分离出来，不漏掉一个真贫困户，不放进一个“假贫困户”，才能做到精准识别。为此，各个部门必须多方联动、互相配合，要在党的领导下，在基层工作者的努力下，在各个部门的配合下，在广大群众的监督下，切实保证“精准识别”，确保脱贫攻坚战取得全面胜利。

（二）精准帮扶

精准扶贫最重要的是要解决“怎么扶”的问题，这是精准扶贫的关键，即把贫困人口识别出来以后，针对扶贫对象的贫困情况确定责任人和帮扶措施，确保帮扶效果，精确到户到人。要找到他们致贫的原因，找到“贫根”，对症下药，靶向治疗，有针对性地进行帮扶，逐户制定帮扶措施，使贫困人口真正从贫困中解脱出来。更重要的是，帮助贫困户找到获得稳定收入的途径，实现稳定脱贫。

1.落实扶贫责任制，确保工作落实

精准扶贫重在落实，抓精准扶贫工作要有机制保障，即扶贫工作要有稳定的制度作保障，不是为了政府一时的政绩，而是确实为了人民群众的幸福生活和国家的长治久安，这是一项需要长期坚持的重要工作。为了确保工作到位，我们要从国家扶贫政策和村情、户情出发，帮助贫困户理清发展思路，制定符合发展实际的扶贫规划，明确工作重点和具体措施，建立省、市、县、乡、村五级政府一起抓扶贫、层层落实责任制的治理格局，注重抓六个“精准”，即扶持对象精准、项目安排精准、资金使用精准、措施到户精准、因村派人精准、脱贫成效精准，确保各项政策好处落到扶贫对象身上，统筹全国各行业各部门及社会力量，落实驻村扶贫工作机制，确保每个贫困村都有工作队，每个贫困户都有帮扶责任人，不脱贫，不脱钩。

2.标本兼治,精准施策

贫困户的情况千差万别,在贫困表现、贫困根源、贫困特点和减贫需求等方面存在区别甚至区别显著,精准帮扶就应该针对贫困户的具体情况提供针对性的帮扶措施,不能简单地以分发扶贫资金或生活用品了事,应当坚持分类施策,因人因地施策,因贫困原因施策,因贫困类别施策,通过扶持生产和就业发展一批,把发展生产扶贫作为主攻方向,努力做到户户有增收项目、人人有脱贫门路;通过易地搬迁安置一批,把易地搬迁扶贫作为重要补充,确保搬得出、稳得住、能致富;通过生态保护脱贫一批,把生态补偿扶贫作为双赢之策,让有劳动能力的贫困人口实现生态就业,既加强生态环境建设,又增加贫困人口就业收入;通过教育扶贫脱贫一批,把发展教育扶贫作为治本之计,确保贫困人口子女都能接受良好的基础教育,具备就业创业能力,切断贫困代际传递;通过低保政策兜底一批,把社会保障兜底扶贫作为基本防线,加大重点人群救助力度,用社会保障兜住失去劳动能力人口的基本生活。①

3.确保扶贫资金到位是精准扶贫的重要环节

扶贫资金到位是确保扶贫效果的重要一环,必须在改革"扶贫资金管理机制"上下功夫,做好资金监管,提高使用精准度。当前我国扶贫资金渠道多,投向分散,涉及面广,监管难度大。为保证资金能够切实到位,我们一方面需要探索建立扶贫资金信息披露制度、扶贫对象和扶贫项目公告公示制度等,以保证财政专项扶贫资金在阳光下运行;另一方面,要加强外部监管,加大对扶贫资金的审计、监督和检查力度,建立常态化、多元化的监督检查机制。把扶贫资金安排与减贫成效挂钩,加大按扶贫成效分配资金的比重,指导县级建立扶贫项目数据库,加快资金拨付进度,简化资金拨付流程,完善资金项目公告公示制度,发挥好12317扶贫监督举报电话作用。此外,还要严肃查处违纪违法行为,对各地使用管理扶贫资金中出现的各类违法违规行为要严厉问责,形成一条任何单位、任何人都不允许触碰的"高压线"。

4.建立产业扶贫长效机制,增强贫困地区"造血"功能

推进精准扶贫离不开国家政策支持,但最终主要还是依靠贫困人口自发拼搏来摆脱贫困。扶贫工作最初是给贫困户"输血",但贫困户要想实现

① 参见《2016中国民生发展报告》,北京师范大学出版社2017年版,第9页。

彻底脱贫，必须拥有“造血”功能，即我们的扶贫工作需要改变长期以来政府主导下的扶贫模式，改变当前贫困地区及其人民群众主要将扶贫资金用于消费的状态，探索建立政府、企业、贫困户多方联动的产业扶贫项目平台，将有限的扶贫基金更多地用于生产，充分调动贫困地区和人民的主体作用和创新意识，生产特色产品或培育特色产业，推进其市场化、规模化和品牌化，充分发掘贫困地区的经济优势，有效利用贫困地区的特色自然资源，形成持续性“造血”能力，确保产业项目落地，使贫困户拥有自身长久的发展潜力，才能最终彻底摆脱贫困。

5.扶贫与扶志、扶智相结合，要扶思想、扶观念、扶信心

扶贫必扶智，治贫先治愚，如果扶贫不扶智，贫困户就会陷入知识匮乏、智力不足、身无长物的困境，即使脱了贫，也可能随时返贫，扶贫应有的效果就难以达到。脱贫工作不仅是物质上的富裕，不仅是简单地把扶贫资金分发到贫困户手中，更重要的是精神上要脱贫，要使贫困户具有长期发展和增收的能力。救济式扶贫解决不了根本问题，要帮助贫困人口自强自信，增强贫困户摆脱贫困的斗志和勇气；此外，还要通过实用有效的技术培训、指导，契合实际的产业帮扶、就业帮扶等措施，激发贫困人口摆脱贫困的内在动力，激励贫困群众变消极脱贫为积极脱贫、变被动脱贫为主动脱贫、变“要我脱贫”为“我要脱贫”，使贫困地区的贫困人群由“输血型”向“造血型”转变。而要根本解决深度贫困地区的贫困问题，还必须从教育入手，推动贫困地区人口持续脱贫，打破贫困代际传递，拔除“穷根”。

另外，一些地区的扶贫工作还要和文化建设结合起来，物质富裕了，精神也要健康起来。近些年来，虽然农村经济在不断发展，但农村的一些陋习依然存在，如赌博成风、婚丧陋习、天价彩礼、孝道衰微、老无所养等，这些问题解决不了，农村的小康也无法真正实现。因此，扶贫还要真正提高广大农民的精神文化水平，使广大农民拥有健康的精神文化生活，从整体上提高人民的幸福指数。

（三）精准管理

精准管理是精准扶贫的保证，扶贫工作要做到位，必须做好相关管理工作，做好“扶多远”的问题，即：扶贫对象在国家的帮助和自己的努力下，如果经济条件得到很大改善，脱离国家贫困标准的，就应当及时从扶贫对象名单

中调整出来，使更加贫困的人有机会得到国家帮助，使有限的扶贫资源得到有效的应用。

1.建立贫困户动态评估机制

贫困户的基本状况处在不断变化之中，要建立完善的贫困户动态评估机制，通过现代化的信息网络系统，将扶贫对象的基本资料、动态情况录入到系统中，实施动态管理，实行一户一本账、一个脱贫计划、一套帮扶措施，确保帮扶到最需要扶持的群众、最需要扶持的地方。年终根据扶贫对象发展的实际状况对扶贫对象进行调整，使稳定脱贫的村与户及时退出，使应该扶持的扶贫对象及时纳入，从而实现扶贫对象有进有出，扶贫信息真实、可靠、管用。还要定期开展国家级和省级的贫困普查，对贫困村实施分类管理，紧盯扶贫对象，实行动态管理，已经脱贫、应该退出的及时销号，符合条件的及时纳入。不仅要对重点扶贫项目进行经济绩效、社会绩效和生态绩效的综合评估，还要对贫困县、贫困村、贫困户开展动态评估和监管，进行分阶段评估，全面比较和系统分析扶贫绩效。对于脱贫户的评估还要大力鼓励广大农户积极参与，根据评估结果，决定其保留或退出。此外，有条件的地区尽量通过购买服务的方式将脱贫评估委托给第三方评估机构，根据贫困程度、区域差异建立精准监测点，对于脱贫后的农户进行精准监测，保持两到三年的观察期和巩固期，跟踪监测脱贫状况，确保脱贫户稳定脱贫。

2.完善贫困户退出机制

贫困人口得到帮扶后，一些人会迅速摆脱贫困，那么再作为扶贫对象便显然不太合适了。因此，对于已经脱贫的人必须要及时从扶贫对象中脱离出来。扶贫对象达到什么标准算已经脱贫也是一个需要仔细研究的问题，需要制定脱贫标准，防止一些地区为了获得扶贫利益而将数据打折，迟迟不愿摘“贫困帽”，甚至还发生了由省级贫困县“升”为国家级贫困县而准备大肆庆祝的“以耻为荣”的奇怪现象。为此，必须完善贫困户退出机制，制定严格的标准，一旦贫困户达到这一标准，就必须从扶贫名单中退出。贫困人口退出还应当实行民主评议，要进行审核审查，退出结果公示公告，让群众参与评价，做到全程透明。退出后的贫困人口也要有一个缓冲期，要继续扶持，提前脱贫的人要给以适当奖励，鼓励大家提前脱贫摘帽。

消除贫困是社会主义的本质要求，是党的重要历史使命，也是一项十分艰巨的历史任务，除了政府的努力外，还需要全社会广泛参与，要建立一个全国人民都能参与的社会扶贫的网络支撑体系，把精准扶贫直接到村、到户、到人的信息和社会帮扶信息实现点对点对接，让扶贫更加精准有效，坚决打赢“脱贫攻坚战”！

五、十八届三中全会吹响全面深化改革的号角

一个国家和民族的发展，往往取决于重大关头的抉择。1978年，在关系党和国家前途命运的重要关头，党的十一届三中全会作出了实行改革开放的重大决策。2013年，站在新的历史起点上，党的十八届三中全会描绘了全面深化改革的新蓝图，吹响了向着“两个一百年”奋斗目标和实现中国梦进军的新号角。[①] 这次全会上通过的《关于全面深化改革若干重大问题的决定》，提出了完善和发展中国特色社会主义制度、推进国家治理体系和治理能力现代化的总目标，设计了全面深化改革的路线图，并确定了改革时间表，这是党中央全面、系统、协同推进经济、政治、文化、社会、生态文明五大领域改革以及党的建设制度改革的行动纲领，是一份具有里程碑意义的宣言书，吹响了第一个百年目标的总攻号角，是在中国发展进程的关键时刻召开的一次十分关键的会议。

（一）改革开放再出发

中国的改革采取的是一条由边缘到核心、先简单后复杂的渐进式战略，我们由浅入深、由易到难，破解了许多影响和制约发展的重大难题，但还有一系列深层次矛盾和问题尚未得到根本解决，中国改革进入深水区和攻坚期。“可以说，容易的、皆大欢喜的改革已经完成了，好吃的肉都吃掉了，剩下的都是难啃的硬骨头。”[②]“经济硬着陆”“金融风险爆发”“中国崩溃”等论调频现，此后改革推进的复杂程度、艰巨程度和敏感程度绝不亚于改革开放初期，中国目前正处在一个十一届三中全会召开时所面临的那种十字路口，我们又一次走到了重大历史关头，中国应该向何处去？世界各国都在关注着中国的发展。十八届三中全会的召开吸引了全世界的目光，党就改革做出了最全面、最系统的部署，明确了全面深化改革的目标、路径、原则和要

---

① 参见《深刻认识全面深化改革的重大意义》，《解放军报》2013年11月14日。

② 《习近平接受俄罗斯电视台专访阐述执政理念》，http://news.xinhuanet.com/fortune/，2014年2月9日。

求，吹响了中华民族伟大复兴的“集结号”。

1.中国命运的历史抉择

当今中国取得的辉煌成就是改革开放的成果，在改革开放的过程中，我们开创了中国特色社会主义，为社会主义现代化建设提供了强大动力和有力保障。实践证明，改革开放是决定当代中国命运的关键抉择，是党和人民事业大踏步前进的法宝。党的十八届三中全会紧紧围绕中国发展进程中的各种经济、民生、社会管理等现实问题对症下药，涵盖了当前中国发展的各种社会问题，是解决中国现阶段各种矛盾、顺应人民期待的必然选择，直面我国发展中遇到的一系列新的问题和挑战，要破解难题、化解风险，促进经济持续健康发展，除了深化改革，别无他法。十八届三中全会制定的改革规划，改革的力度、深度和广度前所未有，集中体现了党的政治智慧和政治勇气，拉开了中国新一轮改革的大幕。

2.深化改革的经验总结

十八届三中全会总结了深化改革的经验，为深化改革提供了理论指导：首先，改革要坚持党的领导。中国 40 多年的改革历程之所以能够顺利推进并取得历史性成就，关键就在于坚持党的领导、加强和改善党的领导。其次，改革要坚持解放思想、实事求是。实事求是作为党的思想路线，是新形势下推进理论创新和实践创新的根本遵循。再次，改革要坚持以人为本。人民群众是推动中国特色社会主义现代化建设事业前进的决定性力量，要依靠人民全面深化改革。今天，我们站在了全面深化改革新的起点上，只有尊重人民主体地位，发挥群众首创精神，促进人的全面发展，才能形成全面深化改革的强大动力。最后，改革要坚持正确处理改革、发展、稳定的关系。发展是解决经济社会一切问题的关键，改革是经济社会发展的根本动力，稳定是改革发展的前提和保证，这三者有机统一，才能促进社会进步、增进人民福祉，既要用改革的办法实现发展和稳定，又要用发展的成果和稳定的局面保障并推进改革。

3.全国思想的大解放

十八届三中全会在中国发展的重大历史关头提出了全新的改革思路，思想解放程度世所罕见，绝不亚于 1978 年真理标准问题的大讨论，是全国思想的又一次大解放。解放思想是贯穿全会的一条主线，全会号召全党全社会“进一步解放思想”，强调实践发展永无止境、解放思想永无止境、改革开放永无止境，强调要以更大的决心和勇气推进改革开放；全会通过的《决定》提出了一系列崭新的思想、举措和政策，进行了重大的理论创新和政策突破；尤其是为进一步激发市场活力、提高经济效益，全会大胆提出了“市场在资源配置中起决定性作用”的论断，对于非公有制、政治体制、社会体制和文化体制等各方面也都进行了大胆的创新和突破，完成了新时代、新阶段思想的又一次大解放。

美国《华盛顿邮报》称：“这是二十年来最具市场导向的、最综合性的一篮子改革。”英国《金融时报》说，十八届三中全会将成为中国经济、社会与政治全面发展的新里程碑。英国路透社发文称，中国拉开 30 年来最大胆的经济社会改革序幕，“改革若落实，中国将迎来翻天覆地的变化”。十八届三中全会让国际社会看到了中国共产党的雄心和魄力，我们踏上了新一轮改革开放的新征程。

空谈误国，实干兴邦，与制定改革发展规划相比，扎实推进各项改革，让改革措施转化为现实成果更为重要。为确保改革计划的落实，需要建立更高层面的领导机制，十八届三中全会还决定成立全面深化改革领导小组，负责改革总体设计、统筹协调、整体推进、督促落实，为落实改革措施提供了组织保证。全会结束后，党中央又接连召开中央经济、城镇化、农村工作会议及中央网络和信息化领导小组会议，习近平同志出席并在会上讲话，为全党谋划将全会改革精神贯彻落实到工业化、城镇化、农业现代化和信息化的发展中提出战略指导性意见，新一轮改革大潮开启。

（二）开足马力再拼搏

放眼世界，虽然和平与发展仍是时代主题，但世界仍然很不安宁，国际金融危机影响深远，世界经济增长不稳定、不确定因素增多，全球发展不平衡加剧，霸权主义、强权政治依然存在，局部动荡频繁发生，恐怖主义、粮食安全、能源资源安全、网络安全等全球性问题更加突出，综合国力竞争空前激烈。回望国内，我们的改革进入深水区和攻坚期，中国改革所处的环境依然严峻，需要我们拿出无比的决心和勇气，冲破思想观念障碍，突破利益固化藩篱，破解发展的难题，激发中国特色社会主义建设的活力。

十八届三中全会，不仅对进一步深化改革作了全面的部署，还向全党发出了动员令。如果说党的十一届三中全会拉开了改革的序幕，吹响了中华民族由“站起来”向“富起来”的号角，那么党的十八届三中全会则吹响了由“富起来”向“强起来”的号角。

1.制度建设是改革成败的关键

十八届三中全会明确了全面深化改革的顶层设计和总体思路，向全党部署改革的各项任务并提出重大举措，其中，制度建设是关键，改革主要是通过对中国特色社会主义基本制度的坚持和完善来促使生产关系与先进生产力相适应、上层建筑与经济基础相适应，进而推动经济社会的可持续发展。只有把改革成果落实到制度上，改革才能有可持续的基础。为此，党的十八届三中全会提出国家治理体系和治理能力现代化这一命题。所谓“治理现代化”就是使国家治理更加科学、民主，更加制度化、规范化、程序化。这一全新命题的提出，体现了党治国理政的新方略，从制度层面推进改革，是对改革提出了更全面、更深入的要求，旨在实现党、国家和社会各方面制度的完善，进而提高党的执政水平。具体而言，全会分别提出了坚持和完善基本经济制度、加快推进社会主义民主政治制度、加快完善文化管理体制、改革收入分配制度、推进社会领域制度创新、加快建立生态文明制度、完善党的领导体制和执政方式等制度建设的任务，从制度层面对全面深化改革有了更完善的认识。

2.经济体制改革是重点

我国的改革是一项系统工程，其中，经济体制改革是重点。十八届三中全会把经济体制改革作为全面深化改革的主轴。全会提出市场在资源配置中发挥决定性作用，这是一个重大理论创新，体现了党对市场在社会主义市场经济改革中定位的新认知，进一步明晰了政府和市场的关系。充分发挥市场经济在资源配置中的决定性作用，可以最大限度地激发经济发展的活力，促进经济的发展，进而带动政治体制、文化体制等相关机制的改革，从而带动整个改革发展历程。政府要做的是为市场运行建立一个好的制度环境，提供市场无法提供的公共品，为市场主体服务，保护市场行为的合法权益，维护公平的市场竞争，激发社会成员创造财富的积极性。[①] 但完善社会主义市场经济体制是一个长期的过程，不可能一劳永逸，中国的改革越往后，难啃的硬骨头越多，改革的难度越大。当前中国改革已经进入完善社会

---

① 参见肖巍：《全面深化改革的“两个决定性”》，《思想理论教育》2014 年第 1 期。

主义市场经济体制的攻坚阶段,我们对此必须要有清晰的认知。

3.六大领域改革齐发力

党的历届三中全会几乎都是以推进改革为主题,而且都是以经济体制改革为主,都聚焦于某一领域或某一方面的改革。而十八届三中全会是以经济体制改革为重点,以协同推进政治、文化、社会、生态文明、国防和军队体制以及党的建设六个方面为主要内容的全面性、系统性、整体性改革,在各个领域各个方面都提出了系统的改革措施,提出了推进国家治理体系和治理能力现代化的改革新目标,公布了涉及60个方面、336项具体措施的改革蓝图。改革力度前所未有,改革涉及的领域之多、范围之广前所未有,需要解决的问题也更加敏感和复杂,是对中国未来改革进程的总体部署,是和中国"五位一体"的总体布局和"四个全面"的战略布局相衔接的系统安排。全会要求:到2020年,在重要领域和关键环节改革上取得决定性成果,形成系统完备、科学规范、运行有效的制度体系,使各方面制度更加成熟、更加定型。

改革是我国发展的最大红利,每一次重大改革都给中国的发展注入新的发展动力。当前我国经济发展面临前所未有的机遇和挑战,在日益多元的利益格局背景下,破解发展难题、化解来自各方面的风险和挑战、赢得发展的新优势,根本动力在改革,根本出路也在改革。全面深化改革不是某一领域的事情,而是关系党和国家事业发展全局的重大战略部署,是涉及经济社会发展各领域的系统工程。

十八届三中全会适应党和国家事业发展新要求,落实十八大提出的全面深化改革开放的战略部署,是在中国面临向何处去的重要历史关头召开的以全面深化改革为主题的盛会。全会既对中国过去30多年的改革进行了经验总结,又对未来中国改革开放进程进行了重大战略部署,提出了全面深化改革的指导思想、目标任务和重大原则,形成了改革理论和政策的一系列重大突破,将是未来几十年我们改革开放发展的蓝图,对于我们具有中国特色的社会主义现代化进程、我们由"富起来"向"强起来"的发展历程必将产生深远的影响,是我国改革和发展过程中又一个重要的里程碑。

六、十八届四中全会专题讨论全面依法治国问题

依法治国是指统治阶级通过国家立法机关把统治阶级的集体意志上升

为国家法律，并依此治国理政的治国方略。全面依法治国是执政党依法执政、政府依法行政和公民依法行使权力三者的有机统一，这是中国政治发展和改革中一件划时代的大事。

中华人民共和国成立以后，我们就开始了依法治国的探索。1949 年 9 月，中国人民政治协商会议第一次会议制定了具有临时宪法性质的《中国人民政治协商会议共同纲领》。1954 年，毛泽东亲自领导并参与了宪法的制定工作，但由于我们社会主义建设经验不足，我们的依法治国没有很好地贯彻下去。十一届三中全会以后，我们重新回到依法治国的轨道上来，经过多年的不懈探索和实践，我国的社会主义法治建设取得了很大的成就：中国特色社会主义法律体系已经形成，依法执政、依法行政、公正司法、全民守法稳步推进，全社会法治观念明显增强，党的十五大提出了建设社会主义法治国家的目标。

2014 年，党的十八届四中全会召开，这是党的执政史上第一次以法治为主题的中央全会，体现了我们党全面推进依法治国、加快建设法治国家、推进法治中国建设的坚强意志和决心。全会审议通过的《中共中央关于全面推进依法治国若干重大问题的决定》，科学总结了我国在法治国家建设方面取得的基本经验，分析了我国在法治国家建设方面面临的任务和问题，提出了建设社会主义法治国家新的思路、方针和基本措施，即建设社会主义法治体系、建设社会主义法治国家的总目标和坚定不移地走中国特色社会主义法治道路的总路线，为我们推进依法治国，坚持科学立法、严格执法、公正司法、全民守法指明了方向。以四中全会为标志，中国法治建设进入新的历史阶段。

（一）依法治国，势在必行

依法治国是党领导人民治理国家的基本方式，是实现国家治理体系和治理能力现代化的必然要求。我国全面推进依法治国进程是顺应时代潮流和中国发展进程的必然选择，是中国特色社会主义现代化进程的必然选择，是迎接新时代挑战和机遇的必然选择。当前我们应对新形势、新任务，统筹国内国际两个大局，统筹社会力量，平衡社会利益，调节社会关系，规范社会行为，实现我国和平发展的战略目标，必须更好地发挥法治的引领和规范作用，依法治国，势在必行。

1.依法治国是破解国内外严峻形势的需要

当前我国改革发展所面临的国内外形势依然严峻。就国内而言，我国进入改革攻坚期、社会转型期和矛盾多发期"三期叠加"的历史新阶段，社会矛盾突出，各利益主体争端不断，社会不稳定因素增多，尤其是法治不彰、官员腐败和贫富差距等问题严重损害了党和政府的形象，国内经济、政治、文化发展都遇到了很多的困难。就国外而言，西方资本主义国家西化、分化社会主义中国的阴谋从未间断，随着中国的崛起，西方强国更加有目的性地针对中国，"颜色革命"暗流涌动，大国之间的争端逐渐尖锐化。面对这样的国内外严峻形势，我们更要以巨大的勇气和智慧全面推进依法治国，把经济社会发展的各类行为纳入到法治轨道上来，为改革营造一个和谐稳定的国内外环境，促进中国经济更好更快地发展，才能有效应对国内外严峻形势的挑战。

2.依法治国是进行社会主义民主政治建设的需要

民主是社会主义的本质，我国是人民当家作主的社会主义国家，人民拥有广泛的权利和自由，但这些权利和自由只有在有法律保障的前提下才能真正实现。党的领导、人民当家做主、依法治国有机统一是中国共产党带领中国人民进行长期实践探索得出的正确结论。依法治国是实现社会主义民主的基本方式，民主思想必须通过制度的保障才能实施。因此，全面推进依法治国，确保国家的各项事业都在法治的轨道上运行是人民当家作主权利实现的保障，运用法治思维和法治方式预防惩治犯罪、维护社会秩序、确保社会稳定，推动形成办事依法、遇事找法、解决问题用法、化解矛盾靠法的良好法治环境，才能真正实现我国的民主政治进程。①

3.依法治国是坚持党要管党、从严治党的需要

执政党要永葆青春和活力，就必须代表最广大人民群众的根本利益，就必须要有自我革命的决心。坚持"党要管党，从严治党"，其中最根本的措施就是依法治国。长期以来，一些领导干部将权力置于法律之上，不遵守法律，干涉正常法律程序，将法律规章抛诸脑后。因此，我们要实现从严治党必须加快依法治国历程。党领导人民，按照人民的意愿和要求，建立和推行强大而完备的法律规范体系，让每一名党员，特别是党的领导干部带头学习法律，带头遵守法律，带头依法办事，不得违法行使权力，更不能以言代法、

---

① 参见王寿林：《全面推进依法治国需要正确把握的若干范畴》，《观察与思考》2015年第1期。

以权压法、徇私枉法，而是充分发挥领导带头作用，以上率下、全民守法，自觉维护法律的权威，提高党的建设的法律水平。

4.依法治国是实现社会公平正义的需要

实现全社会的公平正义是一件十分困难的事，只有当法治"成为国家治理的理念"，"成为社会共同的信仰"，"成为全民共同遵守的行为准则"，才能真正实现。为此，第一，我们要科学立法。每一项法律的出台都要经过严格的调研、系统的论证，真正制定出维护民众利益、群众需要的法律。第二，要严格执法。各级政府要创新执法体制、完善执法程序、推进综合执法、严格执法责任，建立权责统一、权威高效的依法行政体制，加快建设职能科学、权责法定、执法严明、公开公正、廉洁高效、守法诚信的法治政府。第三，要公正执法，公正是法治的生命线，司法部门要努力做到让人民群众在每一个司法案件中都能感受到公平正义。第四，要全民守法。人民权益要靠法律保障，法律权威要靠人民维护，必须弘扬社会主义法治精神，形成守法光荣、违法可耻的社会氛围，使全体人民成为社会主义法治的忠实崇尚者、自觉遵守者、坚定捍卫者，使领导干部成为尊法、学法、守法、用法的模范，充分发挥领导干部的率先垂范作用。

没有规矩，不成方圆，法律的实施约束了人们的行为，提醒人们什么事该做，什么事不该做，该用什么方法去做。任何组织或者个人的行为违法，都应承担相应的违法责任。在当前全面建成小康社会的新时代，在各种困难和挑战面前，中国应当加快法治建设的步伐，使中国特色社会主义现代化建设的进程在法律框架下有序进行，凡事都有法可依，凡事都有章可循。

（二）依法治国，任重道远

法治是实现国家长治久安的必由之路。改革开放以来，尤其是党的十八大以来，我们加快了法治建设的步伐，出台了一系列相关法律法规。以习近平同志为核心的党中央从关系党和国家前途命运的全局出发，开辟出全面依法治国理论和实践的新境界，一个充满活力、令人向往的全面依法治国新时代即将来临。但我们的法治建设同人民群众期待相比，同我国社会主义现代化进程相比，还存在许多不适应的问题，特别是人民法治意识的形成和法治素养的养成问题需要下大气力才能解决，我们的依法治国还有相当长的一段路要走。

1.“人治”理念根深蒂固

人治相较于法治而言，重视人的同情心，依靠个人的道德来判定公正。新中国脱胎于两千多年的封建社会，几千年来一直以“人治”治国，留下来根深蒂固的“人治”理念，人民习惯了被领导和被统治，法律意识、权益意识、民主意识、义务意识普遍缺失；在社会实践中遇到难以处理的事情时，首先想到的是托关系、找熟人，没有拿起法律武器捍卫自己利益的习惯，“信访不信法”的状况广泛存在。一些党员领导干部甚至认为权大于法，把行政权力凌驾于法律之上，往往以言代法、以权压法、徇私枉法，甚至知法犯法。再加上我们的法律程序相对较为复杂，费用相对较高，采取法律手段所耗费的时间、精力和金钱有时会远远超过采取“私了”的手段。因此，基于多方面的考虑，很多人宁愿选择私下解决的方法而不是法律方法来解决一些难题，法律的权威无法有效树立起来。

2.各项法律制度的健全尚需要一个过程

改革开放以来，中国根据经济、政治、文化等各个领域的发展，制定完善了相关法律和法规，也制定了一系列的规范。虽然出台的法律很多，但我国法律制度还很不健全：首先，当前我国法律制度尚未涵盖所有领域，自身还需要一个发展完善的过程；其次，我国社会主义现代化建设面临的形势和任务已经发生了变化，以前制定的法律法规已经不适应形势发展的需要，也缺乏针对性，必须加以改变；再次，我国现有的一些法律法规的可操作性很差，只是理论上可行，在实践中却很难贯彻实施，因此在出台的同时就被束之高阁；最后，一些法律缺乏相应的保障机制，虽然法律法规本身很好，但与其相对应的保障机制却没有建立，导致执法部门不能放手去干。这些问题的解决都需要一个复杂的过程。

3.法律监督不到位问题突出

当前我国法律体系中，对于公职人员的监督处于监督主体缺位的状态，在例行公事时监督比较多，但是在解决和处理问题的过程中却没有有效的监督，以致我国腐败问题频频发生：公职人员忽视法律的严肃性，滥用职权；司法机关违反程序，按人情办案，严重侵害了公民的权益；执法部门以罚代法，重罚轻管，很多问题的处理往往以经济处罚了事，却不追究其法律责任。更加令人痛心的是，一些执法人员徇私枉法、玩忽职守，在执法管理过程中大搞权钱交易，严重损害了党的形象。因此，在今后一段时期内，建立健全法律监督和制约机制，无时无刻不让公务人员在执法中受到强有力的监督，切实推进我国社会法制化进程就是需要重点关注的问题。

社会主义法律制度的完善对于我国社会经济的发展、社会主义现代化、社会和谐稳定具有非常重要的作用，不仅可以保障人民当家作主的地位，而且能够在我国社会主义经济建设过程中极大地促进社会生产力的发展，但就当前我国法律制度发展的基本状况而言，要实现依法治国的目标还需要付出很大的努力。

(三)依法治国，全面推进

治理一个国家，关键是要立规矩。实践证明，法治兴则国家兴，法治衰则国家乱。什么时候重视法治、法治昌明，什么时候就国泰民安；什么时候忽视法治、法治松弛，什么时候就国乱民怨。[①] 在我们这样一个大国，要实现经济发展、政治清明、文化昌盛、社会公正、生态良好，必须把全面依法治国坚持好、贯彻好、落实好。全面依法治国是坚持和发展中国特色社会主义的本质要求和重要保障，事关党的执政兴国大业，事关人民的幸福安康。中国发展到今天，虽然已经成为世界第二大经济体，距离现代化和世界性强国的距离越来越近，但如果我们的法制建设跟不上，我们的社会主义现代化强国便无从谈起。十八届四中全会为中国全面推进依法治国设计出宏伟蓝图，对法制中国建设具有里程碑意义。

1.明确提出法治体系的战略目标

经过 40 年的改革开放，中国改革发展稳定的形势总体是好的，但发展不平衡、不充分的一些突出问题尚未解决，各种社会矛盾逐渐凸显，其中一些矛盾和问题与有法不依、执法不严、违法不究有关。人民群众对法治的要求越来越高，依法治国在党和国家工作全局中的地位更加突出、作用更加重大。十八届四中全会明确提出了建立和完善中国特色社会主义法治体系的战略目标，即“建设中国特色社会主义法治体系，建设社会主义法治国家”，这个总目标的提出，既明确了全面推进依法治国的性质和方向，又突出了我们今后的工作重点和总抓手，具有纲举目张的意义。[②] 我们在今后的工作

---

① 参见中共中央文献研究室编：《习近平关于全面依法治国论述摘编》，中央文献出版社 2015 年版，第 8 页。

② 参见习近平：《加快建设社会主义法治国家》，《求是》2015 年第 1 期。

中，将逐渐加快法制建设的步伐，密织法律之网，强化法治之力，为党和国家事业发展提供根本性、全局性、长期性的法律保障，确保我国在全面深化改革中既生机勃勃又井然有序。

2.全面规划了推进依法治国的总体布局

全面推进依法治国是一个系统工程，涉及立法、执法、司法、守法等各个方面，必须加强顶层设计，统筹谋划。十八届四中全会针对我国法治建设面临的突出矛盾和问题，直面广大人民群众对提高法治水平的迫切要求，从法律规范体系、法治实施体系、法治监督体系、法治保障体系和党内法规体系等方面对法治体系建设提出目标要求，从依法治国、依法执政、依法行政共同推进和法治国家、法治政府、法治社会一体建设方面对法治中国建设做出战略部署和总体安排，指明我们今后要在中国共产党的领导下，坚持中国特色社会主义制度，贯彻中国特色社会主义法治理论，形成完备的法律规范体系、高效的法治实施体系、严密的法治监督体系、有力的法治保障体系，形成完善的党内法规体系，坚持依法治国、依法执政、依法行政共同推进，坚持法治国家、法治政府、法治社会一体建设，实现科学立法、严格执法、公正司法、全民守法，促进国家治理体系和治理能力现代化。

3.具体阐释了推进依法治国必须坚持的基本原则

十八届四中全会具体阐释了推进依法治国必须坚持的五个基本原则，即：坚持中国共产党的领导，坚持人民主体地位，坚持法律面前人人平等，坚持依法治国和以德治国相结合，坚持从中国实际出发。这是全面推进依法治国的重要遵循，其中，党的领导为推进依法治国提供了政治保证，全面推进依法治国关键在党。“党的领导是全面推进依法治国、加快建设社会主义法治国家最根本的保证”，“必须加强和改进党对法治工作的领导，把党的领导贯彻到全面推进依法治国全过程”[①]；人民主体是推进依法治国的力量源泉，坚持法治为了人民、依靠人民、造福人民、保护人民，把体现人民利益、反映人民愿望、维护人民权益、增进人民福祉落实到依法治国全过程，使法律及其实施过程充分体现人民意志；法律面前人人平等是推进依法治国的价值追求，任何组织和个人都必须尊重宪法法律权威，都必须在宪法法律范围内活动，不得有超越宪法法律的特权；依法治国与以德治国相结合是推进依

① 《中国共产党第十八届中央委员会第四次全体会议公报》，《人民日报》2014年10月24日。

法治国的精神支撑，是中国特色社会主义法治道路的鲜明特点，要发挥法治对道德的保障作用，强化道德对法治的支撑作用，把道德要求贯彻到法治建设中，实现法律和道德相辅相成、法治和德治相得益彰；从实际出发是推进依法治国的实践基础，全面推进依法治国，必须从我国实际出发，突出中国特色、实践特色、时代特色。

4.再次强调依法治国首先就是依宪治国

宪法是国家的根本大法。法治的权威，首先体现为宪法的权威；对法律的遵守，首先是对宪法的遵守。宪法确立了国家的根本制度、根本任务、思想基础和活动准则，国家政治社会生活中最重要、最核心的内容都在宪法中得到了确认和体现。我国宪法以根本法的形式，确立了中国共产党的领导地位，确立了我们的政体等，具有鲜明的中国特色，是植根于中国历史的正确选择，是中国特色社会主义法治道路的基本原则和制度安排。宪法在我国法律体系中居于统帅地位，具有最高的法律地位和法律效力，是其他法律制定的根据和基础，所有法律都必须依据宪法制定，不得同宪法相抵触。宪法还是一切组织和个人的根本活动准则，任何组织和个人都必须遵守。因此，依法治国的过程，首先就是贯彻落实宪法中所确立的制度和原则的过程，依法治国首先就是依宪治国。

全面推进依法治国是国家治理领域一场广泛而深刻的革命，需要付出长期而艰苦的努力。党的十八届四中全会做出了全面推进依法治国的顶层设计，制定了路线图、施工图，在我国社会主义法治史上具有里程碑意义。我们必须坚持不懈地全面贯彻落实党的十八届四中全会精神，在中国共产党的领导下，为实现全面推进依法治国的总目标而努力奋斗！

中国共产党在发展过程中，根据自身的发展状况，提出了适合中国国情的战略布局：2012 年 11 月，十八大提出全面建成小康社会；2013 年 11 月，十八届三中全会提出全面深化改革；2014 年 10 月，党的群众路线教育实践活动总结大会上，提出全面推进从严治党；2014 年 10 月，十八届四中全会提出全面推进依法治国。至此，“四个全面”的战略布局已经完成。其中，全面建成小康社会是总目标，全面深化改革与全面推进依法治国则如大鹏之两翼、战车之两轮，共同推动全面建成小康社会奋斗目标顺利实现。在这一布局的指导下，中国特色社会主义现代化建设将大踏步前进！

第三章 在应对经济新常态中实现新发展

"新常态"一词最早由美国太平洋基金管理公司总裁埃里安提出，意指危机之后经济缓慢而痛苦的恢复过程，以描述危机后的欧美发达经济再也回不到之前的状态，其主要含义是：低增长、高失业将长期持续；企业利润缩减，资本回报率将降低。事实上，不仅是欧美国家，中国经济在经历30多年的高速发展之后，在世界经济疲软的大背景下，也不可避免地迎来了我国经济发展的"新常态"。

改革开放以来，中国经济迅速发展，一直保持着两位数的高速经济增长率，顺利地跨越了贫困陷阱，实现了经济的腾飞，如今已经成为世界第二大经济体；但中国经济只是规模很大，却大而不强，经济发展一直强调的是"量"，"质"往往被忽略掉了，即中国经济虽然增速很快，但快而不优。进入2008年以来，中国经济告别高速增长，进入中高速增长阶段，这表明中国经济进入了一个新的发展阶段，中国经济增长率不断下降，经济增长的动力已经悄然转换，靠扩大投资把问题积累起来并后移的"增加投资→扩大产能→继续增加投资→形成新的产能"的循环模式已经不能持续下去，中国经济发生了由"经济奇迹"向"正常发展"的重大转变，未来这一状况可能成为我国经济发展的"新常态"。在这一阶段，经济社会发展不平衡问题加剧，各种社会矛盾逐渐凸显，成为今后一个相当长的时期内经济发展面临的主要障碍。中国在成功跨越低水平的贫困陷阱之后，还需要在经济新常态下成功地跨越中等收入陷阱。我们需要科学认识这一特征，敢于担当，勇于突破，靠改革和创新解决我国发展中遇到的一系列矛盾和问题，实现从经济大国向经济强国的转变。

实践证明，中国共产党领导中国人民迅速适应了这一巨大变迁，制定相应的经济政策来消化以前刺激性经济政策遗留下来的产能过剩、债务杠杆和房地产泡沫，推动经济转型，实现中国经济的新发展，“认识新常态、适应新常态、引领新常态，是当前和今后一个时期我国经济发展的大逻辑，这是我们综合分析世界经济长周期和我国发展阶段性特征及其相互作用做出的重大判断”①。

一、习近平河南考察，提出“新常态”重要论断

近年来，国际经济复苏乏力，靠外贸拉动经济增长的动力明显减弱，极大地影响了中国的对外贸易。因此，中国经济发展必须适应新的经济运行特征，以推动中国经济持续健康发展。2010 年，在第 40 届达沃斯论坛上，一些学者指出：“世界也许再也无法回到金融和经济危机前稳定的‘正常’状态，它将面临一个全新的‘正常’状态。”在这种新的“正常”状态下，如果无法采取适合自身国情的战略，就有可能陷入经济发展的沼泽；如果能抓住机遇，迎接挑战，则有可能实现经济的新一轮腾飞。2014 年 5 月，习近平在河南考察期间指出：“中国发展仍处于重要战略机遇期，我们要增强信心，从当前我国经济发展的阶段性特征出发，适应新常态，保持战略上的平常心态。”提出“新常态”概念，这是新一代中央领导首次用“新常态”描述变化了的中国经济，是对中国经济增长所处阶段变化规律认识的重大理论创新，对国家未来中长期宏观和微观经济政策的选择有着深远的影响。

（一）新常态，新机遇，新挑战

中国经济在 30 多年的高速发展之后，进入一个新的发展阶段：经济增长速度由高速向中高速转换，发展方式由粗放增长向集约增长转变，产业结构由中低端向中高端转换，增长动力由要素驱动向创新驱动转换，资源配置由市场起基础性作用向起决定性作用转换等。正如习近平总书记在河南考察时所说，中国经济进入了新常态，在这一新常态下，我们的发展会遇到很多新的机遇，但也面临着诸多问题的挑战。

---

① 《中央经济工作会议在北京举行》，《人民日报》2015 年 12 月 22 日。

1.中国经济进入新的发展阶段

经过几十年的改革开放以后，中国经济发展进入一个新的阶段，在这个新阶段，中国经济发展的内外部环境发生了变化：从外部环境来看，支撑中国经济高速发展的外需环境已不复存在。自2008年国际金融危机以来，国外环境发生了重大变化，尤其是世界经济陷入低迷期，呈现出“总量需求增长缓慢，经济结构深度变化”的显著特征。全球经济格局发生了深刻变化，外部需求大大萎缩，我们再也不能依靠广阔的世界市场所带来的强大外需来创造中国经济发展的“奇迹”了。西方经济强国相继提出“再工业化”“重生战略”等措施，试图重构国际贸易规则，贸易保护主义纷纷抬头。发展中国家都在努力调整发展模式，加快发展具有比较优势的产业。我国经济发展的外部环境雪上加霜。就内部环境而言，中国产能过剩问题日益突出，财政和金融风险有可能增大。更加紧迫的是，支撑中国经济高速增长的传统优势正逐渐衰减，即我们赖以生存的价格低廉的人口红利、富饶丰富的资源红利以及大量提供的土地福利将无法延续：在当今社会，原本大量供应的农村剩余劳动力越来越少，一些地方甚至出现了“民工荒”；而几十年不计后果的发展导致我国能源、资源短缺和生态环境恶化，石油、天然气、铁矿石等重要资源大量依靠进口；此外，随着中国经济的发展，国内土地成本大幅上升。中国无法再依靠传统的人口、资源和土地三大红利促进经济的快速发展了，中国的经济发展必须寻找新的增长点。

2.新阶段带来新机遇

新的发展阶段给我们带来了新的发展机遇，正如习近平总书记所指出的，现代化的目标距离我们从来没有像今天这样近。按照中国的发展规划，在新起点上的中国经济发展面临的新机遇就是：到2020年可能实现全面小康社会，实现从中等收入向高收入阶段的迈进；到2030年前后可能在总量上重回世界第一；再到2050年前后可能实现现代化，跻身发达国家行列。我们的确比历史上任何时期都更接近中华民族伟大复兴的宏伟目标。[①] 我们目前是世界第二大经济体，经济总量很大，即使保持中高速增长，也会带来巨大的市场投资机会。而随着中国经济结构的不断优化升级，第三产业、高新技术产业、装备制造业、绿色低碳产业将呈现越来越大的发展空间，中

① 参见：《习近平谈治国理政》，外文出版社2014年版，第35页。

西部地区和一些新兴城镇也将产生越来越多的机会，中国经济发展的活力将进一步增强，效率将进一步提高，制度环境将进一步规范。只要我们坚定不移地推进改革创新，促进新的增长点不断涌现，就会汇聚成更加强劲的发展动力。

3.新阶段面临新挑战

当然，进入新常态并不会一帆风顺，一些潜在风险正渐渐地浮出水面，新的经济发展阶段也带来了新的挑战。我们从中等收入向高收入国家迈进会遇到更大的困难，能否适应新阶段的新变化是一个极富挑战性的命题，如果不能适应新阶段的新挑战，经济发展将难以持续，我们将会陷入“中等收入陷阱”，经济发展将会陷入停滞，危机将会不断加深。拉美、东亚、西亚等很多国家都经历了这一危机，有些国家甚至直至今日都没有进入高收入阶段。

我们当前处于经济增长速度换挡期、结构调整阵痛期和前期刺激政策消化期“三期叠加”的阶段，在这一阶段，经济下行的压力大、产业结构不合理、经济发展负面效应凸显等问题不断出现，原有增长动力开始减弱，新的增长动力尚在孕育和形成之中。而在城乡二元体制下，各种社会矛盾逐渐突出，广大民众随着受教育程度的提高，对公平正义的要求也更加强烈，这些问题的解决都需要我们付出巨大的努力。此外，国际关系仍然错综复杂，大国与大国之间的博弈以及发达国家与发展中国家之间的较量等都不容小觑，这其中任何一个问题解决不好，都有可能影响我国的经济建设历程。因此，我们必须做好迎接挑战的准备，成功跨越“中等收入陷阱”，使中国经济获得新的进步。

总之，我国经济的新常态既具有新的发展机遇，又面临一些潜在的风险与挑战，我们只有在科学认识新常态实质的基础上，主动适应新常态的主要特征以及相应的趋势性变化，才能既把握新的发展机遇，又克服潜在的风险与挑战，实现经济的平稳健康发展与社会的和谐稳定。正是基于这一新的历史阶段呈现出的这些特点，2014 年 11 月，习近平在亚太经合组织工商领导人峰会的讲话中，初步概括新常态的特点：“一是从高速增长转为中高速增长。二是经济结构不断优化升级，第三产业、消费需求逐步成为主体，城乡区域差距逐步缩小，居民收入占比上升，发展成果惠及更广大民众。三是从要素驱动、投资驱动转向创新驱动，新常态将给中国经济带来新的发展机遇。”[①]2014 年 12 月，中央召开经济工作会议，全党进一步统一了对经济新常态的认识。在此次会议上，围绕“认识新常态，适应新常态，引领新常态，是当前和今后一个时期我国经济发展的大逻辑”主题，习近平总书记概括了新常态带来的趋势性变化和我们相应的应对措施。此外，习近平总书记还进一步具体概括了新常态的特征，即：“增长速度正从百分之十左右的高速增长转向百分之七左右的中高速增长，经济发展方式正从规模速度型粗放增长转向质量效率型集约增长，经济结构正从增量扩能为主转向调整存量、做优增量并举的深度调整，经济发展动力正从传统增长点转向新的增长点。”

(二)适应新常态，促进新发展

经济新常态，新在新压力、新速度、新结构、新政策、新动力。适应经济新常态，就是面对经济下行压力，保持战略定力，保持宏观政策的稳定性，着力解决影响经济发展的长远性、全局性问题，从政策、方式、制度等多个层面适应这一经济发展的崭新阶段，推动中国经济持续健康发展。

1.制定新政策，解决总量失衡问题

近些年来，为了促进经济增长，我们一直实行积极的财政政策和稳健的货币政策，这种松紧搭配的组合方式主要是要防止只顾单一方向的失衡而加剧另一方面的失衡，从而加剧宏观经济的波动和风险。这一政策自 1998 年提出以来，一直持续到金融危机之前的 2007 年；2010 年 10 月退出反危机刺激政策之后，又重新回到这一政策组合。但这一政策在不同历史时期的着重点不同：长期以来，这一政策的着重点在于刺激内需，总体来看是一种扩张性经济政策；而现阶段积极的财政政策和稳健的货币政策则是从此前应对金融危机时期的全面扩张政策退出，因而相对而言，总体上是从紧的宏观政策。另外，近几年来，我们还着力采取了一系列刺激经济增长的具体政策，如兴修水利、加快铁路建设和保障房建设等，以寻求新的经济增长点。

2.实行新方式，解决结构失衡问题

适应新常态要保持稳增长和调结构的平衡，当前我国经济增长动力不

---

① 《习近平在亚太经合组织工商领导人峰会上的演讲》，中国网，2013 年 10 月 8 日。

足的主要原因在于产业结构失衡，主要是低水平的产能过剩且矛盾突出，但我国松紧搭配的宏观政策只能解决总量失衡的问题，结构失衡的问题还需要靠改变宏观调控方式来解决，即在关注需求管理的同时，更要关注供给管理，因为供给方(即生产者)的改革才能真正解决产业结构的失衡问题，也只有加强供给管理，才能为供给有效满足需求创造条件，为优质产能创造空间，从而刺激经济快速发展。为此，我们提出要进行供给侧结构性改革，把转方式和调结构放到更加重要的位置，在结构优化调整中实现有质量的增长，以通过对供给方的管理，寻找经济发展的新动力，解决结构失衡问题，促进中国经济有序发展。

3.完善新制度，解决权力寻租问题

市场机制和政府调控是调节市场经济的“两只手”，但中国目前的许多制度还不成熟、不合理。在市场机制发展不健全的条件下，市场经济难以对资源配置起决定性作用。一些资源配置决策权集中在政府手中，此时如果法制化滞后，在制度上缺乏严格的法制约束，权力就有可能被滥用。一些企业获得的资源和机会，不是通过公平的市场竞争而来，而是通过贿赂官员得来的，权力寻租、权钱交易因此产生，这样就无法实现资源的有效配置。为此，在经济新常态下，我们需要不断完善相关制度，加快推进依法治国进程，把权力关进制度的笼子里，把机会放入法制化的轨道，通过改革来释放制度变革的生产力，使企业尽可能获得平等进入市场的机会和更多优质的资源，从而促进经济的发展。

另外，我们还需要继续发挥投资驱动的强大拉动力。中国虽然已经是世界第二大经济体，但中国经济发展远未进入“后工业化时期”，大规模的工业化和城市化进程仍在继续，仍具有巨大经济增长力，尤其是在更高水平的大规模城市化建设中，仍然需要大规模的投资活动，如高速公路、高铁、地铁、智能城市建设等，都需要大量资金的投入。我们要充分利用这些大规模投资带来的强大拉动力，促进经济新一轮增长。

如今，我们逐渐成为世界上一个负责任的大国，适应新常态，促进新发展，还要在对外交往中充分展现大国形象，带领周边国家共同发展，如我们的“一带一路”倡议，让中西部地区同国际市场直接对接，不仅能够充分发挥中西部地区人口、资源和土地的巨大潜在优势，还可以带动周边国家经济一起发展，推动中国经济迈上一个新台阶，很有可能使中国工业化发展获得新的爆发力。

二、研究制定京津冀协同发展规划，促进经济发展

京津冀地区位于环渤海地区的中心位置，是国家经济发展的重要引擎和参与国际竞争合作的先导区域。但经过70年的发展，三地在发展中都遇到了自身难以解决的问题：北京作为国家首都，承担了过多的经济职能，有限的土地资源难以承担无限的产业和人口扩张，首都北京已经人满为患，交通拥挤，环境污染，就业困难，已经严重影响到了广大民众的幸福指数，缓解首都发展压力已经迫在眉睫；天津目前发展资源不足、后劲乏力，迫切需要北京的带动和河北的支持；河北受京津两大核心城市影响，发展要素不断涌向京津两地，自身发展受到限制，经济发展相对落后，迫切需要京津两地辐射带动。

2014年2月26日，京津冀协同发展战略规划启动。中共中央政治局2015年4月30日召开会议，审议通过《京津冀协同发展规划纲要》(以下简称《纲要》)。《纲要》指出，推动京津冀协同发展是一个重大国家战略，核心是有序疏解北京非首都功能，要在京津冀交通一体化、生态环境保护、产业升级转移等重点领域率先取得突破，这意味着京津冀协同发展的顶层设计基本完成，推动实施这一战略的总体方针已经明确。

(一)京津冀协同发展正当时

京、津两市位于河北省近邻，两市发达的交通渠道贯通了整个河北省，河北省拥有丰富的煤炭、铁矿石等矿产资源和海河、滦河水资源，长期以来一直是京津两地的供应地，三地之间建立起了密切联系。但长期以来，三地的发展十分不平衡并均遇到了相应的困难，如今中国经济发展进入了一个新的历史阶段，从经济格局、城市布局、生态保护等多个方面对三地协同发展提出了迫切需求，京津冀协同发展正逢其时。

1.经济梯度格局需要产业合作

从经济发展阶段来看，京津冀三地之间发展差距很大，北京、天津、河北分别处于后工业化阶段、工业化后期阶段和工业化中期阶段，呈明显的梯度

变化格局。[①] 后工业化地区的大量劳动力和产业将从城市中心向外扩散，区域对外作用以辐射为主；工业化中期地区以特定增长极为载体吸引着外部的各类资源向此集聚；工业化后期地区的集聚辐射作用介于两者之间。目前，京津冀三地经济发展阶段呈现出协调互补的特点，本来应当进行各种有效的合作，但由于缺乏统一的规划，三地存在不同程度的产业结构雷同、资源分散利用、地区恶性竞争的情况，三地的优势和特点不能有效发挥出来，三地没能形成快速发展的合力。因此，三地发展迫切需要避免自相残杀，要进入取长补短、合作发展的新阶段，必须进行深入合作，以实现合作共赢。

2.城市中空布局需要区域合作

京津冀地区城市众多，但各城市之间发展严重失衡，整个地区除了北京、天津两个超大城市和特大城市之外，其余绝大多数都是中等城市和小城市，处于中间的大城市数量很少，根本无法承担来自超大城市和特大城市的辐射，也根本没有能力带动中等城市和小城市快速发展，这种城市中空格局导致京津冀三地很难实现有效的合作，城市发展的动力明显不足。因此，必须加快中等城市的发展，使保定、沧州等一批中等城市尽快成长为大城市，承担起来自北京和天津的辐射，带动其他中小城市的发展，促进区域发展整体上一个新的台阶。而为促进中等城市尽快成长为大城市，必须保证人流、物流、资金流、信息流在区域间顺畅流通，需要突破地区利益的羁绊，优先发展区域整体进程，加强区域合作势在必行。

3.生态环境改善需要倾力合作

改革开放多年之后，我们“先发展、后治理”的发展模式带来了严重的后遗症，生态环境遭到了破坏，京津冀也不例外。根据环保部对全国空气质量的监测，京津冀是全国空气污染最严重的地区之一。其中，由于河北的发展相对落后，远远跟不上京津两地的发展速度。近些年来，河北加快了追赶步伐，但主要是依靠能源重化工的大规模扩张实现的，因此又成为京津冀的主要污染源，沙尘、雾霾已经严重影响到京津冀地区民众的生活质量和生命安全。而且京津冀地区由于受北部、西部山体阻挡影响，污染空气无法扩散，更加剧了雾霾的程度。除大气污染外，河流污染、土壤污染、土壤沙化、草场退化、水资源短缺等问题也日益突出。这一状况的彻底改善需要从源头上

① 参见肖金成、王丽：《关于京津冀协同发展的几点思考》，《中国发展观察》2015 年第 7 期。

彻底断绝污染源,即京津冀地区的环境保护与每一个人息息相关,需要三地展开广泛的联防联控。

京津冀地区是中国经济最具活力、开放程度最高、创新能力最强、吸纳人口最多的地区之一,也是拉动我国经济发展的重要引擎,战略地位十分重要。推动京津冀协同发展,是以习近平同志为核心的党中央在新的历史条件下做出的重大决策部署,是一个重大国家战略,是解决京津冀地区不协调、不平衡矛盾的重要举措,既是疏解北京非首都功能、实现京津冀一体化发展、打造新的经济增长极的关键一招,也是优化国家发展区域布局、转变新的经济发展方式的制胜一招。

(二)京津冀协同发展是千年大计

北京是中国的首都,是国家的政治中心、文化中心、国际交往中心和科技创新中心,京津冀地区在中国面向国际化、全球化的发展格局中占有重要地位。京津冀城市群的发展目标是成为影响乃至控制世界性经济体系的大城市群之一,成为中国在国际经济体系中强大竞争力的最主要支撑平台。这是一个长远的发展规划,不可能一蹴而就,要做好长期作战的思想准备。前五年是谋思路、打基础、寻突破的阶段,并最终作出了建立雄安新区的决断,雄安新区不仅是北京非首都功能的集中疏散地,也是京津冀区域新的增长极;但这只是在打基础,京津冀的协同发展需要交通、生态、产业发展都要跟上,我们更加艰巨的任务还在后面,还需要不断攻坚克难,京津冀协同发展是一项千年大计。

1.科学定位是前提,做好顶层设计

区域发展规划是一个区域中长期发展的重要纲领性文件,是京津冀协同发展的顶层设计。在做规划时,必须首先定位各地的发展阶段,通过调整优化城市布局和空间结构,促进城市分工协作,提高城市群一体化水平,也只有明确了三地发展的战略定位,才能确定发展重点。其中,北京是中国的首都,是中国的政治中心,也是中国最主要的金融、商贸中心,重点关注的应当是其政治功能和金融功能,一些经济功能应当向外疏解;天津是华北地区经济中心城市,制造业相对发达,也是北方重要航运中心,可以发展中高端的金融、商贸等服务业,承接北京的部分经济功能;河北省作为京津两地的重要原材料供应地,经济发展水平较低,需要对现有的能源原材料工业实行大幅度结构调整、规模调整和技术更新，在适应北京和天津发展的同时，促进自身的发展。

2.区域协调是关键，谋求共同发展

体制机制障碍是制约京津冀协同发展的重要原因。京津冀协同发展虽然在 2014 年才真正作为一项战略规划提到重要议事日程上来，但这一问题早在改革开放初期就已经提出，华北经济技术协作区、京津冀都市圈、环首都绿色经济圈等相继被提出过，但合作的效果并不理想，各地之间的竞争仍然大于合作，其中主要原因就在于缺乏有效的协调措施。协同发展是一盘大棋局，但各地有自己的利益所在，行政区划的利益樊篱很难突破，尤其是这一地区有两个直辖市，其中一个还是首都，在行政上具有隶属关系，协调起来难度更大。但我们要克服困难，要想实现最后的发展目标和合作共赢，必须做好顶层设计和高端协调，要建立国家层面的统筹协调机制，打破“一亩三分地”的狭隘思维，着眼于整个京津冀地区的整体布局，地区之间形成分工合作、相互促进、利益共享的一体化机制。北京要谋求更大的发展空间，天津和河北要借助北京的发展优势，发挥自身的比较优势，促进自身的发展，尤其是河北，要努力做好与京津的产业对接，积极承接京津产业转移和北京疏解的首都非核心功能。

经过几年的发展，京津冀协同发展取得了较好的预期效果，我们有了一个良好的开局，但与人民群众的期盼和国家的发展目标相比，京津冀协同发展还将面临一系列的问题和挑战，其中最突出的问题就是三地经济发展不平衡，地方保护主义仍然存在。打破行政区经济束缚和行政壁垒也要有一个过程，尤其是在三地行政地位不平等的情况下，一些问题的解决就更加困难，但问题要一个一个地解决，真正意义上的协作尚需一段时日，而且京津冀协同发展不仅是一个单纯的经济问题，还是一个涉及政治、社会和文化等多个方面的综合问题，是一项千年大计。

（三）抓住“牛鼻子”，打造“新两翼”

京津冀协同发展作为一项千年大计，既需要一项战略性、综合性、长远性的规划蓝图，又需要抓住重点，有序推进。其中，疏解北京非首都功能是京津冀协同发展的“牛鼻子”，雄安新区与北京城市副中心是北京发展的“新两翼”，抓住“牛鼻子”，打造“新两翼”，才能真正实现京津冀协同发展。

1.有序疏解北京非首都功能

北京作为中国的首都，需要更多地发挥政治核心功能，要为现代服务业和高科技产业腾出发展空间，但我们的首都北京积聚了太多功能，“大城市病”突出。有序疏解非首都功能，是治理北京“大城市病”的基础工作，是优化区域分工、实现京津冀协同发展的关键，解决了这一问题就抓住了京津冀协同发展的“牛鼻子”。为此，我们必须首先淡化北京的经济中心功能，现有的经济功能也要逐渐向外疏解。为此，在河北省内培育新产业集聚中心，促进京津冀形成优势互补、错位发展的产业分工格局，将是今后一段时期京津冀协同发展的重点。此外，北京留存的经济功能中也要有所侧重，作为现代服务业和高新技术产业的龙头，应当注重相关产品的研发和销售功能，而生产制造业以及批发业等低端产业应该逐渐向天津和河北转移。

经过几年的努力，有序疏解北京非首都功能取得了明显的进展，北京的“大城市病”得到有效缓解，其中，产业、生态、交通一体化方面率先取得突破，基本形成了“河北积极承接京津产业转移、天津着力推动京冀产业联动、三地互投互融”的产业协同发展格局、“生态环保联防联控、生态补偿逐步健全、生态修复稳步实施”的生态协同发展格局以及“网络化布局、智能化管理、一体化服务”的交通协同发展格局。①

2.加快雄安新区的建设

2017年4月1日，国家决定在位于河北保定境内的雄县、容城、安新三个小县及其周边地区设立国家级新区，称为“雄安新区”。这一地区区位优势明显，交通便捷，生态环境优良，资源环境承载能力较强，现有开发程度较低，发展空间充裕。雄安新区的定位首先是“非首都功能疏解集中承载地”，它与北京城市副中心共同形成北京新的“两翼”。雄安新区的建立不仅能从根本上缓解北京“大城市病”，而且还能大大促进河北自身的经济发展，加快补齐区域发展短板，提升河北经济社会发展的质量和水平。随着《河北雄安新区总体规划（2018～2035年）》《白洋淀生态环境治理和保护规划（2018～2035年）》的批复实施，雄安新区将转入大规模发展建设新阶段，部分教育资源和医疗卫生资源、部分大型企业和国际企业的总部以及一些行政性或事业型服务机构都将逐步向雄安新区转移，进而辐射河北，并带动整个京津冀

① 参见武义青、田学斌、张云：《京津冀协同发展三年回顾与展望》，《经济与管理》2017年第2期。

区域的发展。

3.促进北京城市副中心的发展

与雄安新区的建设同步，北京城市副中心的建设也大大加快，城市副中心及周边区域将改头换面。北京城市副中心的建设是为了调整北京空间格局，治理“大城市病”，拓展发展新空间，探索人口经济密集地区优化开发模式的需要而提出的，规划范围为原通州新城规划建设区。北京城市副中心作为北京“新两翼”的一翼，将被着力打造成为国际一流的和谐宜居之都示范区、新型城镇化示范区、京津冀区域协同发展示范区，这是疏解北京非首都功能的一项标志性工程。在这一工程中，市级机关率先启动搬迁，进而带动人口和产业的疏解。如今，北京城市副中心控制性详细规划正式获批并对外公布。2019 年 1 月，市级机关正式迁入办公，北京城市副中心已有序拉开城市框架。随着北京城市副中心和雄安新区的建设，北京将主要作为国家政治中心而存在。

在习近平总书记亲自谋划和推动下，京津冀协同发展上升为国家重大发展战略，体现了中央对我国新阶段发展大势的科学把握，凸显了京津冀在全国发展格局中的战略地位，机遇千载难逢，机遇稍纵即逝。京津冀协同发展有利于增强区域发展动力，缩小地区差距，培育具有国际竞争力的城市群。推动京津冀协同发展，有利于探索区域发展新模式，培育中国未来最具活力的核心增长极和产业带，带动环渤海经济圈发展，促进东中西互动和南北协调，带动中国北方向东北亚、西亚、中亚、欧洲全方位开放。①

三、十八届五中全会提出新发展理念

发展是当代中国的主题，是党执政兴国的第一要务，是解决中国一切问题的关键。在 40 年的改革开放中，中国经济在高速发展中取得了巨大成就。但我们在追求发展速度的过程中，忽视了能源资源节约和生态环境的保护，中国经济的发展遇到了一些问题，尤其是能源日趋紧张、环境污染严重、生态系统恶化。我们必须寻求新的发展模式，以保持中国经济的持续健康发展。

理念是行动的先导，理念是否正确，决定着行动最后的成效。中国社会

---

① 参见祝尔娟：《扎实推进京津冀协同发展》，《经济日报》2014 年 4 月 1 日。

主义现代化的实现需要中国经济的大发展,有没有先进理念的指导是发展能否取得巨大成效的关键。我们针对中国经济发展的现状提出要转变经济发展方式,但经济发展方式的转变需要先进理念作指导。我国传统的发展理念是把经济发展当作经济增长,而经济增长就是简单的 GDP 的增加,不注重经济结构的优化和经济质量的提高。

2015 年 10 月,党的十八届五中全会提出“创新、协调、绿色、开放、共享”五大发展理念,这是党对我国发展规律的新认识,是改革开放以来我国发展经验的集中表现,为我国发展指明了方向,是马克思主义发展理论的重要体现,反映了党对中国发展路径的新探究。其中,创新是引领发展的第一动力,协调是持续健康发展的内在要求,绿色是永续发展的必要条件和人民对美好生活追求的重要体现,开放是国家繁荣发展的必由之路,共享是中国特色社会主义的本质要求。

(一)新发展理念是顺应时代发展潮流的战略抉择

新发展理念立足于中国特色社会主义实践,着力于适时解决具有重要意义的“中国问题”,它凸显了人民至上的价值导向,为实现中国自身的和谐永续发展提供了方法上的借鉴,也为其他国家的发展开出了一张“中国药方”,具有很强的借鉴意义;同时,它表明了我们作为世界上最大的发展中国家、世界第二大经济体,积极主动参与全球治理,形成有利于世界各国发挥各自优势的发展新格局的鲜明态度。

1.新发展理念有效破解了中国发展的难题

经过多年的发展,中国取得了举世瞩目的伟大成就,但中国发展中的深层次矛盾和问题也逐渐出现,如贫富差距扩大、腐败问题、生态环境恶化等,中国的现代化建设正承受着来自人口、资源、环境等方面的巨大压力。这些难题如果解决不了,中国可能会陷入经济停滞,积聚的各种社会矛盾有可能会瞬间爆发。作为世界上最大的发展中国家,我们不能重蹈覆辙,再继续走那种“先污染后治理、先积累后解决”的现代化老路,而必须走出一条中国特色的发展道路。五大发展理念立足于中国的实际,带有鲜明的问题导向,直面中国发展的各种矛盾和问题,并针对这些问题提供了有效的解决方法,为解决发展中存在的不平衡和不协调发展问题、实现全面建成小康社会的宏伟目标、促进人的自由全面发展提供了方法论的依据和借鉴。

2.新发展理念是中国特色社会主义实践继续前进的行动指南

经过多年的发展，我国进入全面建成小康社会的最后攻坚期。我国的社会主要矛盾已经转变为人民日益增长的美好生活需要和不平衡、不充分的发展之间的矛盾。我们要实现从现代化大国向现代化强国的转变还需要付出巨大的努力，未来的发展还有很长的一段路要走。而在当前资源、环境等巨大压力下，传统发展模式受到了挑战，我们要走出一条未来发展的正确道路，必须要有正确的发展理念，采取正确的发展方式。五大发展理念是对发展目的和发展方向的科学把握，是对当代中国发展战略的顶层设计，创造性地回答了“实现什么样的发展”这一重大问题，是新时期适应经济新常态、引领经济发展的行动指南。同时，我们把发展主题作为贯穿中国全面建成小康社会总体布局的主线，也为全面建成小康社会提供了理论指导。

3.新发展理念成为我们对外交往的亮丽名片

当今世界，和平与发展仍是时代主题，中国的发展与世界的发展是相互交融的，要构建人类命运共同体，实现全世界的合作共赢。五大发展理念旨在实现人类共同的发展，提倡走公平、开放的发展道路，构建广泛的利益共同体，为全球的发展提供了科学的理念，为世界各国共同健康发展指明了方向。新发展理念成为我们对外交往的一张亮丽的名片。面对世界经济发展的重要转折时期，我们不断倡导这一全新的发展理念，谋求世界经济互利共赢。中国把 2016 年二十国集团峰会主题确定为“构建创新、活力、联动、包容的世界经济”，我国的外交还把传播和践行“五大发展理念”作为一个重要内容，致力于为和平、发展、合作、共赢的时代主题增添新的内涵，与世界各国同心打造人类命运共同体。

当今世界，虽然世界多极化、经济全球化、文化多样化、社会信息化深入发展，但世界各国人民都向往和平；尽管各种不稳定、不确定因素增多，但加快自身发展、提高综合实力依然是世界各国的共同追求。党的十八大以来，中国经济发展进入新的战略机遇期。党的十八届五中全会提出的五大发展理念是顺应时代潮流、把握发展机遇、厚植发展优势的战略抉择。树立和贯彻好五大发展理念，才能使我国发展占据时代制高点，维护和利用好我国发展的重要战略机遇期，在日趋激烈的国际竞争中赢得更大的发展优势。

(二)新发展理念是有机统一的整体

党的十八届五中全会明确提出了“创新、协调、绿色、开放、共享”五大发展理念,为我国“十三五”乃至今后更长一段时期的发展指明了方向。新发展理念包括五个方面的内容,每一个方面的提出都有着深刻的意义,每一个方面都不是孤立存在的,要深入理解、准确把握其科学内涵和实践要求,明确五大理念是不可分割的统一体。2016年,习近平总书记在重庆调研时要求“全党同志要把思想和行动统一到新的发展理念上来,崇尚创新、注重协调、倡导绿色、厚植开放、推进共享,努力提高统筹贯彻新的发展理念能力和水平”,同时强调“五大发展理念是不可分割的整体,相互联系、相互贯通、相互促进,要一体坚持、一体贯彻,不能顾此失彼,也不能相互替代”。

1.“创新发展”是灵魂和核心

创新是现代社会发展的第一生产力,是高质量发展的动力,在当今国际竞争日趋激烈和我国发展动力转换的新形势下,创新是持续健康发展的必然要求。创新发展注重的是解决发展动力问题。一些发展中国家长期止步不前,始终不能完成跨越式发展的根本原因就是不能进行有效创新,我们要义无反顾地推进理念创新、制度创新、体制机制创新等,让创新贯穿党和国家一切工作,使创新在全社会蔚然成风。当前我国创新能力不强,最突出的表现是科技创新能力不足,所以我们必须转换发展动能,要从外需拉动、资源推动、投入带动、政策驱动等粗放型发展升级为集约型发展,用创新驱动内生动力,形成发展新引擎,以创新经济的新动能引领高质量发展。经济新常态下就是要使经济发展由“要素驱动和投资驱动”变为“创新驱动”。

2.“协调发展”是条件和要求

增强发展的协调性是确保发展持续性的根本条件和内在要求。习近平总书记指出:“协调既是发展手段又是发展目标,同时还是评价发展的标准和尺度。”协调发展注重的是解决发展不平衡问题。中国改革开放多年以来,由于资源、能源、政策等各种因素的影响,我国城乡、区域、行业之间的发展存在着极大的不平衡,也由此引发了各种社会矛盾,发展不协调成为一个长期存在的问题,突出表现在区域、城乡、经济和社会、物质文明和精神文明、经济建设和国防建设等关系上。协调发展要求牢牢把握中国特色社会主义事业总体布局,坚持区域协同、城乡一体、物质文明精神文明并重、经济建设国防建设融合，协调推动中国经济全方位、高质量发展，推进中国特色社会主义各项事业、各个环节和各个方面相互促进、相互适应。

3."绿色发展"是前提和基础

"绿水青山就是金山银山。"绿色是高质量发展的遵循。我国经济在几十年高速发展的同时，也付出了生态环境恶化的代价。我国资源供应不足、环境污染严重、生态系统退化的问题十分严峻，人民群众对清新空气、干净饮水、安全食品、优美环境的要求越来越强烈，环境问题已经成为影响人们生命安全的重要问题。绿色发展就是要坚持生态优先，既要促进经济中高速发展，又要节约资源和保护环境，坚定走出生产发展、生活富裕、生态良好的文明发展道路，注重的是解决人与自然的和谐问题。坚持绿色发展理念，树立"保护生态环境就是保护生产力、改善生态环境就是发展生产力"的理念。为此，我们一方面打出环境综合治理、生态监管、生态修复与资源节约利用等方面的"组合拳"，齐抓共治，齐头并进；另一方面大力发展"绿色产业"，加快构建绿色技术成果转化应用推广机制，引领产业结构的绿色化、集约化；另外，我们还大力倡导"绿色生活"，使广大民众树立"绿色发展，人人有责"的理念，提倡简约适度、绿色低碳的生活。

4."开放发展"是方向和路径

中国的发展离不开世界，世界的发展也离不开中国，坚持对外开放是我国繁荣发展的必由之路。当今世界是开放的世界，任何一个国家都不可能孤立地发展起来，高质量发展离不开对外开放，离不开对各国先进经验的吸收和借鉴。在今后中国特色社会主义现代化建设历程中，中国开放的大门不会关闭，只会越开越大。开放理念的重要内涵就是互利共赢，发展更高层次的开放型经济，注重的是解决发展内外联动问题。在今后的对外开放中，我们需要进一步提高对外开放的质量，顺应我国经济深度融入世界经济的趋势，奉行互利共赢的开放战略，更好地利用两个市场、两种资源，坚持内外需协调、进出口平衡、引进来和走出去并重、引资和引技引智并举，使中国可以赢得更多的国际经济关系主动权和国际政治经济话语权。

5."共享发展"是起点和归宿

让人民群众共享改革发展成果是社会主义的本质要求，也是我们党坚持全心全意为人民服务的根本宗旨的必然选择。共享发展注重的是解决社会公平正义问题。实行改革开放以后，我国经济发展的"蛋糕"不断做大，但分配不公问题比较突出，收入差距、城乡差距较大，广大民众的内心在不断对比中逐渐失衡。发展依靠人民，发展为了人民，要不断强化公平正义的价值导向，要抓住人民最关心、最直接、最现实的诸多民生问题；通过加大政府投入力度，均衡教育、医疗、社保等公共服务供给，不断增强民众对美好生活的获得感、幸福感；通过多种渠道不断缩小贫富差距，要使广大民众共享高质量发展带来的成果，使全体人民朝着共同富裕的方向稳步前进，在共建共享发展中有更多的获得感，使改革发展成果更多地惠及广大民众。

新发展理念是关系我国发展全局的一场深刻变革，这一理念勾画出了中国发展道路的思想坐标，科学回答了实现什么样的发展、怎样发展的问题，为我们指明了发展的方向，是党对我国经济社会发展规律的深入思考和科学揭示，反映出党对我国发展规律的新认识。五大发展理念的提出，标志着党对社会主义建设和发展规律的认识达到了一个新境界，既是对科学发展观的继承和坚持，也是对科学发展观的丰富和发展，与时俱进地把马克思主义中国化推向了一个全新的境界。

（三）新发展理念是“指挥棒”“红绿灯”

“发展理念是发展行动的先导，是管全局、管根本、管方向、管长远的东西，是发展思路、发展方向、发展着力点的集中体现，发展理念搞对了，目标任务就好定了，政策举措也就跟着好定了。”[①]2016 年 1 月 29 日，习近平总书记在中共中央政治局第三十次集体学习时强调新发展理念就是“指挥棒”“红绿灯”，指明了“十三五”乃至更长时期我国的发展思路、发展方向和发展着力点。

1.必须把思想和行动统一到新发展理念上来

五大发展理念是在深刻总结国内外发展经验教训、分析国内外发展大势的基础上形成的，凝聚着对经济社会发展规律的深入思考，是针对我国经济发展进入新常态、世界经济复苏乏力开出的药方，是新时代发展中国特色社会主义的重要遵循。用五大发展理念引领经济社会发展是一项复杂的系统工程，全国全党上下必须达成高度共识，一切思想和行动都要统一到新发

① 习近平：《关于〈中共中央关于制定国民经济和社会发展第十三个五年规划的建议〉的说明》，《人民日报》2015 年 11 月 4 日。

展理念上来，以五大发展理念指导和推动各项工作任务的落实和完成，努力提高统筹贯彻新发展理念的能力和水平，对不适应、不适合甚至违背新发展理念的认识要立即调整，对不适应、不适合甚至违背新发展理念的行为要坚决纠正，对不适应、不适合甚至违背新发展理念的做法要彻底摒弃，所有的经济行为都要围绕新发展理念展开，确保如期全面建成小康社会、开启社会主义现代化建设的新征程。

2.必须努力提高贯彻新发展理念的能力和水平

理念如果只停留在思想层面将没有任何意义，因此，必须努力提高党员干部特别是各级领导干部贯彻新发展理念的能力和水平，使他们成为经济社会发展的行家里手，切实将新发展理念贯彻到生产和生活中，把这些理念融会贯通到全面建成小康社会和加快社会主义现代化建设的全过程，并转化为新的发展实践。为此，各级领导干部首先要不断加强学习，确立对贯彻新发展理念的自觉和自信，把新发展理念贯穿领导活动全过程。其次，要创新方法，通过改革和法治推动贯彻落实新发展理念，做好应对任何形式的矛盾、风险和挑战的准备，在贯彻落实新发展理念中及时化解矛盾风险，努力把新发展理念转化为谋划发展的具体思路、落实发展任务的工作举措、推动科学发展的实际成效，努力实现关系我国发展全局的深刻变革。最后，必须落实好领导干部这一关键少数的主体责任。新发展理念能否贯彻落实好，很大一部分取决于领导干部这一关键少数，取决于他们能否切实采取相应的行动。只有领导干部发挥带头作用和示范影响，人民群众才有遵循。因此，各级领导干部不但要认真学习领会五大发展理念的精神实质，而且要能够真正将五大发展理念作为指导实际工作、增进人民福祉的思想武器，自觉做践行五大理念的先行者，成为领导经济社会发展的引路人。①

3.必须加快建成贯彻新发展理念的体制机制

新发展理念的贯彻落实涉及思维方式、行为方式、工作方式的变革，涉及社会关系、利益关系、工作关系的调整，需要全面创新发展体制，重塑发展生态，增强发展的整体性。除了要依靠党员领导干部的自觉之外，还需要建立完善相关体制机制，紧紧围绕全面建成小康社会的目标，直面经济发展新

① 参见梅黎明：《决胜全面建成小康社会　领导干部要做五大发展理念的忠实践行者》，《中国井冈山干部学院学报》2016 年第 1 期。

常态下各种矛盾和挑战，加大改革力度，对那些不利于落实新发展理念的体制机制要立即调整、坚决纠正。其中，要着重建立绩效考核机制和激励约束机制，要把对发展理念的贯彻实施作为对领导干部考核的重要绩效指标，对于贯彻落实效果好的领导干部要有明确的激励机制，促进各级领导干部在体制机制转变中实现发展理念革新，在新发展理念指导下赢得发展新机遇，推动贯彻发展理念的思想自觉和行动自觉，使各项改革举措落地生根，确保新理念转化为新实践、新行动。

五大发展理念不仅是全面建成小康社会决胜纲领的灵魂，也是一个管全局、管根本、管方向、管长远的治国理政方略，它植根于多年来中国特色的社会主义发展实践，是符合中国发展规律的正确选择，能够在新形势下指导全党全国人民为建设美好生活的目标而奋斗，促进中国经济发展迈上一个新台阶，开创中国特色社会主义现代化建设事业的新局面！

四、推进供给侧结构性改革，推动社会生产力水平整体改善

"供给侧"一词来源于新供给学派，是国家注重从供给方面进行调控的经济学用语。经济发展的促进因素主要包括供给侧和需求侧两个方面，其中，需求侧主要有投资、消费、出口三个主要要素，供给侧则包括劳动力、土地、资本、制度创造、创新等要素。宏观经济管理也因此主要包括供给管理和需求管理。需求管理指的是政府通过宏观经济政策尤其是财政政策和货币政策来刺激或抑制需求，防止经济衰退或预防过热；相应地，供给管理指的则是政府通过各种政策影响生产领域的效率，实现总供给和总需求之间的均衡。①

当前我国经济最明显的特征是新常态，这是自 2008 年世界金融危机之后我国经济发展所呈现出来的本质性特征，表明我国经济进入了一个新阶段，"三驾马车"的动力明显不足，经济增长持续下行、企业利润率下降、投资下降等问题频现，中国经济的结构性分化正趋于明显。为适应这种变化，迫切需要改善供给侧环境、优化供给侧机制，大力激发微观经济主体活力。为此，2015 年11 月 10 日，习近平总书记在中央财经领导小组第十一次会议上强调，在适度扩大总需求的同时，着力加强供给侧结构性改革，着力提高供

---

① 参见刘伟：《中国经济增长报告 2010——从需求管理到供应管理》，中国发展出版社 2010 年版。

给体系质量和效率，增强经济持续增长动力。其后，习近平、李克强等高层领导人又在不同场合几次提及供给侧改革。“供给侧”迅速成为媒体和网络舆论中的热词。

在2015年12月的中央经济工作会议上，习近平总书记又对我国经济面临的主要矛盾在理论上作出了创新性概括：“我们面临的困难和问题，确实同国际金融危机这一外因的影响有直接关系，但内因是起决定性作用的，内因就是我们正面对着深刻的供给侧、结构性、体制性矛盾。”“推进供给侧结构性改革，是适应和引领经济发展新常态的重大创新，是适应国际金融危机发生后综合国力竞争新形势的主动选择，是适应我国经济发展新常态的必然要求。”

2016年1月，习近平总书记在重庆调研时更加明确地说：“当前和今后一个时期，制约我国经济发展的因素，供给和需求两侧都有，但矛盾的主要方面在供给侧。”当前单纯依靠刺激内需难以解决产能过剩等结构性矛盾，必须把改善供给结构作为主攻方向，实现由低水平供需平衡向高水平供需平衡的跃升；必须大力推进供给侧结构性改革，用改革的方法推进供给结构调整，提高供给体系质量和效率，即通过改革，提高供给侧的灵活性、有效性、合理性和技术含量，以更好地满足需求，促进经济社会持续健康发展。改革的根本是使我国供给能力更好地满足广大人民日益增长、不断升级和个性化的美好生活需要。

（一）应对中国经济新常态创造的“中国疗法”

当前，我国经济正处于跨越“中等收入陷阱”的关键时期：一方面，随着低端劳动密集型产业向非洲、东南亚等国家转移，我国的传统制造业失去比较优势；另一方面，我国高端技术密集型产业又与发达国家差距大，没有竞争力，这就导致了供给侧的“青黄不接”。国家在这个时候审时度势地提出供给侧结构性改革是具有远大战略眼光的，抓住了当前我国经济发展存在的主要矛盾，是解决中国经济长期积累的深层次结构问题、实现产业结构优化和升级的重要手段。[①]

---

① 参见陈龙：《供给侧结构性改革：宏观背景、理论基础和实施路径》，《河北经贸大学学报》2016年第5期。

1.需求侧“三驾马车”渐显疲态

中华人民共和国成立初期，由于生产力水平的限制，中国长期存在供给不足，被称为“稀缺经济”。改革开放以来，中国“稀缺经济”逐渐结束，经济发展的动力主要来源于需求侧，政府更倾向于采取刺激性政策和对微观经济行为直接干预，依靠需求侧投资、消费、出口“三驾马车”的拉动，中国经济持续高速增长，已经成为名副其实的经济大国。但随着2008年亚洲金融危机的爆发，世界经济复苏乏力；随着人口红利的消失，劳动力、资源、土地等要素价格的上扬以及生态环境的恶化，过去依靠低要素成本和高投资驱动的经济增长方式已经难以为继，主要新兴经济体的经济增速都逐渐放缓。与此同时，中国经济自身也正处于一个下降周期中，经济结构性问题突出，而且是一个长期性的问题，单纯依靠需求侧的促进作用已经无法为经济发展提供充足的动力，“三驾马车”的动力明显不足：投资方面，其周期长、效率低的特点变向推高了人们的生活成本，同时使能源、矿产、机械重工等产能过剩；消费方面，由于近些年来住房、教育医疗成本过高导致居民储蓄率居高不下，消费动力不足；出口方面，国际金融危机导致国际经济复苏乏力，海外市场需求低，中国出口不可避免地受到阻碍。中国虽然实行了空前规模的财政支出刺激政策，用以投资基础设施和福利支出，但在每一轮财政和货币扩张过程中，产能过剩问题越来越严重，依靠政府投资和出口拉动经济发展的方式已经不可持续，而中国居民的消费习惯短期内也不可能改变，中国经济发展必须寻找新的驱动力。

2.结构性产能过剩现象严重

“十二五”以来，我国经济增速逐年放缓，工业领域产能过剩严重，但我们的产能过剩只是结构性的，一些产品，如钢铁、水泥、煤炭、农产品等都存在产能过剩的状况，大量积压，而另一些产品，如国内急需的关键设备、高端产品需要大量进口。另外，随着人民生活水平的提高，广大民众对于质量好、档次高的产品需求量越来越大，我们现有的产品已无法满足广大民众对这些产品的需求，因此在中国商品表面上十分丰富的状况下，出现了“代购潮”“海淘潮”“疯抢潮”等中国人在国外疯狂扫货的现象。此外，大批中国居民还选择出国教育、医疗、旅游等，这表明我们很多方面的供给不足，不能满足广大民众的需求，供给侧结构性改革就是以提高全社会的供给来促进经济增长、满足民众需求的。

中国经济发展的现状表明，当前中国经济的问题主要在于供给侧、结构性、体制性矛盾，不可能通过短期刺激政策实现经济反弹，因此必须通过供给侧结构性改革，重塑经济持续健康发展的动力，即必须在供给侧改革当中充分激发市场主体的内生活力，真正获得可持续的发展动力。[①] 此外，我国体制供给与治理体系现代化和市场经济发展很不适应，政府职能越位和缺位现象并存，一些关键性领域的改革仍不到位。供给侧结构性改革吹响了全面建成小康社会决胜阶段的号角，开启了新一轮深化改革的序幕。

必须明确的是，供给和需求是经济运行的一体两面，不是相互对立的关系，供给能够创造需求，需求也会倒逼供给，经济的平稳、健康发展需要两者的协调平衡和良性互动。需求管理主要是适度扩大总需求，保持经济运行在合理区间，为供给侧改革营造良好的宏观环境。而供给侧改革则要提高有效供给能力，创造新供给，提高供给质量，扩大消费需求，增强经济内生动力和活力，为中长期经济持续稳定健康发展创造条件。[②]

（二）独具中国特色的供给侧结构性改革

与西方国家的供给侧结构性改革单纯依靠政策性刺激促进经济、摆脱危机不同，中国的供给侧结构性改革是具有中国特色的改革，走的是一条不同于西方供给学派的道路。我们抓住了被西方供给学派忽视的政府体制改革和社会福利制度，强调改革过程中政府的调控作用，紧紧围绕广大民众利益，走出了一条独具特色的中国供给侧结构性改革之路。

1.改革坚持市场调节和宏观调控相结合

我国的供给侧结构性改革既遵循社会主义市场经济发展规律，又充分发挥政府的调控作用。供给侧结构性改革的本质是正确处理好政府和市场的关系，充分发挥市场在资源配置中的决定性作用，使市场这一看不见的手发挥更大的作用，同时更好地发挥政府的作用，完善政府在公共服务、市场监管、宏观经济管理等方面的职能。但我们也要看到，长期以来，我国政府最擅长的就是用行政手段干预的方法，下指标、定目标、层层考核，主要依靠行政手段调整结构。为此，我们的供给侧结构性改革是在坚持社会主义初

---

① 参见刘伟：《经济新常态下供给侧管理具有重大意义》，《人民论坛》2015 年 12 月下期。

② 参见王一鸣：《通过供给侧改革重塑发展动力》，《人民日报》2015 年 12 月 28 日。

级阶段基本经济和分配制度不变的前提下，进一步简政放权，给企业和创业者松绑，充分发挥改革者的积极性，既要靠立法、司法、行政力量打破既得利益集团对改革的阻挠，又要尽可能地利用市场规律和价格手段对供给侧进行改革，坚决防止在政府主导下靠行政手段调结构。

2.改革坚持以人民为中心

与西方供给侧结构性改革主要关注用政策刺激促进经济增长、进而摆脱危机不同，我们的改革围绕民众的需求展开；我们不是盲目改革供给侧，我们是根据需求侧的需要来进行改革，以民众的幸福为改革的目的。供给侧结构性改革的对象是生产者，要触动一部分利益集团的利益，我们下定决心进行改革是为了促进发展，而发展的最终目的是为了人民，人民对美好生活的向往是我们奋斗的目标，所有的改革都要围绕这一最终目的展开。因此，我们的供给侧结构性改革坚持以人民为中心，改革的目的是为了满足广大民众对美好生活的需要，我们要想方设法为老百姓提供他们需要的公共产品，从供给的角度有针对性地进行改革和创新，以满足广大民众不断提高和不断丰富的消费需求，进而提高广大民众的生活质量和水平，增进人民福祉，促进人的自由发展，实现共同富裕。中国的供给侧结构性改革是在党的领导下，在充分发挥政府的服务职能的条件下，围绕广大人民群众的需求进行的改革。改革的目的是不断提供更多高质量的产品以满足广大人民群众的需要，推动各族人民共享发展成果，推动居民收入增长和经济增长同步、劳动报酬提高和劳动生产率提高同步，不断缩小收入差距。

（三）供给侧结构性改革的实现路径

供给侧结构性改革的主旨是：释放新需求，创造新供给。具体而言，供给性结构性改革要改什么？怎么改？概括起来主要包括加、减、乘、除四个方面："加"，就是发展高端制造业和现代服务业，增加有效供给；"减"，就是压缩落后产能，清理僵尸企业，解决中低端产品过剩；"乘"，就是鼓励创新，发挥创新的乘数效应；"除"，包括破除垄断、放松管制、减税、降低企业运行成本和市场交易成本等。具体而言，则包括产业层面、要素层面和制度层面三个方面的改革，即要实现产业的转型、要素的创新和制度的改革；其中，产业转型是目标，要素创新是手段，制度改革是保障。在"十三五"开局前夕，中央及各有关部门围绕推进供给侧结构性改革相继出台了一系列具体政策措施，确保改革顺利推进并取得预期成果。

1.用科技创新引领改革前进

习近平总书记多次强调，创新是引领发展的第一动力，“要着力实施创新驱动发展战略，抓住了创新，就抓住了牵动经济社会发展全局的‘牛鼻子’。抓创新就是抓发展，谋创新就是谋未来。我们必须把发展基点放在创新上，通过创新培育发展新动力、塑造更多发挥先发优势的引领型发展”①。推进供给侧结构性改革，是从生产端入手，重点是促进产能过剩有效化解，促进产业优化重组，降低企业成本，发展战略性新兴产业和现代服务业，增加公共产品和服务供给，提高供给结构对需求变化的适应性和灵活性，就是要通过加速前沿技术突破和现有技术的应用以提高劳动生产率，推动供给增长，建立现代化经济体系，实现高质量增长。②

创新是“供给侧结构性改革”的生命力，如新能源、新材料、互联网、云计算、大数据、物联网、网购、新型实体、电子商务、移动通信等。供给侧结构性改革就是利用先进科技最大限度地发展社会生产力。我们在供给侧发力，就是改革经济结构、提高产品质量、保护生态环境、提高实体经济水平和解决民生领域短板等问题。

2.打好产业升级的“攻坚战”

中国是世界上最大的发展中国家、世界第二大经济体，但与此不相适应的是，我国的产业结构十分不合理：农业基础薄弱，农民收入增长缓慢，工业大而不强，第三产业发展滞后。为此，必须加快产业升级的步伐，即我国供给侧结构性改革的重点、难点是产业转型升级，要紧紧围绕提高供给体系质量和效率，把握经济高质量发展的内在要求，大力推动以先进制造业为核心的实体经济发展，加快培育新的发展动能，针对不同行业和企业的实际状况采取有针对性的政策措施，推动传统产业改造升级、主导产业做优做强、战略性新兴产业形成新的增长极、现代服务业加快发展壮大，引导市场主体开展技术创新，根据民众需求创新产品，严把产品质量关，扩大新产品和服务供给，满足广大民众多样化的需求，届时我们将有更广阔的发展空间，取得更加辉煌的成就。

---

① 习近平：《聚焦发力贯彻五中全会精神　确保如期全面建成小康社会》，《人民日报》2016年1月19日。

② 参见《十八大以来重要文献选编》，中央文献出版社2018年版，第175页。

3.用好消费升级的“新引擎”

供给侧结构性改革的目的是为了满足广大民众的消费需求，我国当前已进入消费需求持续增长、消费结构加快升级、消费拉动经济作用明显增强的新阶段，广大民众有充分的购买力，关键是我们能否提供符合民众需要的各种产品。这将成为促进中国经济发展的重要力量，即我们的供给侧结构性改革要紧紧围绕民众的需求展开。我们要抓住新一轮消费升级带来的有利机遇，积极培育信息、旅游、健康、养老、绿色、文化等消费热点。另外，随着现代科技的发展，随着数字经济时代的到来，线上线下消费深度融合，个性化定制的消费响应更加精准、及时，网络消费量激增。在今后相当长一段时间，电子商务仍然有很大的发展空间，政府应引导企业把实体店与电商有机结合起来，使实体经济与互联网产生叠加效应，产生更大的经济效益。

我国的供给侧结构性改革是一个系统工程，不可能一蹴而就，既要有短期任务，也必须有长期战略，既要做好打持久战的准备，又要组织好重点领域的“歼灭战”。从短期来看，要抓好以“去产能、去库存、去杠杆、降成本、补短板”为核心的五大战术任务。从长期来看，供给侧结构性改革要以转变经济增长方式为目标，特别是要转变发展理念，落实“创新、协调、绿色、开放、共享”五大发展理念，使中国经济走上科学发展之路。

五、提出长江经济带发展的重大区域发展战略

长江是我国第一大河，它自西向东横贯我国中部，人口和经济总量均超过全国的40%，是全球内河货运量第一的黄金水道，具有独特优势和巨大发展潜力。与沿海和其他经济带相比，长江经济带拥有我国最广阔的腹地和发展空间，是今后我国经济发展最具潜力的经济带。实施长江经济带综合开发战略，加大开发力度，对于支撑我国未来经济发展、加快中西部地区开发、推动我国工业化和现代化进程都具有十分重要的战略意义。

2014年9月，国务院印发《关于依托黄金水道推动长江经济带发展的指导意见》，部署将长江经济带建设成为具有全球影响力的内河经济带、东中西互动合作的协调发展带、沿海沿江沿边全面推进的对内对外开放带和生态文明建设的先行示范带。

（一）使黄金水道产生黄金效益

长江无论是地理位置、自然资源还是人文环境，都是得天独厚的，是横贯我国东西运输的大动脉；拥有独特的生态系统，是我国重要的生态宝库。千百年来，长江流域以水为纽带，形成经济社会大系统，当前仍然是连接丝绸之路经济带和21世纪海上丝绸之路的重要纽带，是一条真正的黄金水道。我们必须充分利用这一优势，使黄金水道真正产生黄金效益。

1.长江经济带具有巨大的发展潜力

长江流域素有“天府之国”及“水乡泽国”之美称，自然基础较好，交通便捷。经过几千年的开发建设，长江流域已经成为我国工业、农业、商业、科学技术等各方面最发达的区域之一，已经发展起来雄厚的工业特别是重工业基础和高级制造业基础，也已经成为世界上最大的以水运为主的，包括铁路、高速公路、管道以及超高压输电等组成的综合性运输通道。长江物流占地少，运力强，投资省，运输成本低，维护成本小，宜于大宗、大体、大吨位物资运输。时至今日，长江的航运、防洪、灌溉、供水、水产、旅游等综合功能仍有巨大的开发潜力。在这一流域，以上海、成都、武汉等为代表的城市群迅速崛起。长江经济带是中国经济发达水平最高、综合竞争力最强的经济带和中国经济发展全局中的重要支撑带，是中国发展的巨大引擎。

2.做好顶层设计，有序推进发展进程

长江经济带的发展是一个系统工程，需要多省联合协作，因此必须做好顶层设计，有序推进发展历程。2016年9月，《长江经济带发展规划纲要》正式印发，确立了长江经济带“一轴、两翼、三极、多点”的发展新格局：“一轴”是以长江黄金水道为依托，发挥上海、武汉、重庆的核心作用，推动经济由沿海溯江而上，实现梯度发展；“两翼”分别指沪瑞和沪蓉南北两大运输通道，这是长江经济带的发展基础；“三极”指的是长江三角洲城市群、长江中游城市群和成渝城市群，充分发挥中心城市的辐射作用，打造长江经济带的三大增长极；“多点”是指发挥三大城市群以外的地级城市的支撑作用，进而依托长江黄金水道，高起点、高水平地建设综合交通运输体系，推动上中下游地区协调发展、沿海沿江沿边全面开放，构建横贯东西、辐射南北、通江达海、经济高效、生态良好的长江经济带。

长江经济带作为流域经济，涉及水、路、港、岸、产、城和生物、湿地、环境等多个方面，是一个密不可分的整体，所以必须全面把握、统筹谋划，要把改善长江流域生态环境作为最紧迫而重大的任务，加强流域生态系统修复和环境综合治理，大力构建绿色生态廊道，把长江黄金水道作为重要依托，高起点、高水平地建设综合立体交通走廊，推动长江经济带发展取得更大成效。

（二）以联动效应推动整体发展

近些年来，我们一直十分重视长江流域的开发，也提出了很多发展战略，如长三角的发展战略、皖江发展战略、鄱阳湖生态经济区发展战略、“两圈一带”战略、“两江一库”“两江新区”战略、“三江”开发保护战略、“后三峡工程规划”等，但就目前来看，长江流域的各种发展战略还十分零散，急需国家在全流域、在国家战略层面进行整体的整合，而长江经济带区域发展战略的提出恰好契合了这一需要。这一战略的提出不仅标志着长江流域的发展进入了一个新的发展阶段，也表明我国的国家区域战略选择进入了一个新阶段，即开始重视不同地区间的联动效应及整体性特征，我国经济发展将以区域联动效应推动整体发展。

1.实现了中国东、中、西三大区域的联动

长江流域横贯中国九省二市，从东到西，虽然都处于长江流域，但各地经济发展水平差距很大：东部江浙沪长三角地区已经进入发达地区行列；中部的湖南、湖北和重庆市，发展水平处于中等水准；而西部的贵州和云南，经济发展水平较低。这种经济发展水准的梯度差异为各地之间的要素流动、产业转移留下了充足的空间，有利于各地之间的联合发展，这表明东、中、西三大区域可以根据自身的发展阶段和特点展开全方位、多领域的全面合作，可以根据自身的经济发展水准和资源优势选择自己的发展重点。长江经济带的建立实现了东、中、西三大区域的联动，三大区域可以根据当地发展实际促进本地的发展，优化长江经济带城市布局，形成大、中、小相结合且依托长三角、长江中游、成渝三大城市群推动经济带发展的新格局。

2.形成了东西方双向开放的格局

改革开放以来，我们主要是针对东部沿海发达地区进行开放，而长江经济带连接东海出海口和西部云南口岸，把对东部的开放和对西部、西南部的开放，以及对中亚、西亚乃至东欧地区的开放连接了起来，即这一战略的提出使我们加强了对西部、西南部地区的发展中国家和地区以及能源、原材料输出国和地区的联系，使中国打造丝绸之路经济带和打造海上丝绸之路的设想有了更为坚实的基础。

非常可惜的是，就目前来看，长江干支流基本处于自然状态，巨大的航运潜力还远远没有挖掘出来，“黄金水道”未能发挥其沟通东西向联系的作用。长江两岸既无完整的东西向铁路干线，也没有发达畅通的沿江高速公路，东西向的联系十分不畅。为了加快东西向的联动发展，我们要致力于发展以长江干流为主轴的东西向立体交通走廊，充分发挥长江“黄金水道”的航运价值，加强长江干支流航道的整治疏浚工作；同时，还要大力发展以铁路为主的东西向陆路运输，以促进东西方的联动发展。

3.强化了上海自贸区的示范作用

上海地处长江经济带和中国沿海经济带的交汇点，同时也是长江经济带上最大和功能最为完善的城市，在长江经济带中具有突出的龙头引领作用。2013 年，上海自贸区成立，这是中国新时期改革开放的标志性举措，不仅可以进一步拉升上海的国内、国际地位，还能辐射整个长三角地区享受到更多的政策优惠。上海自贸区还将通过长江经济带的打造，从功能拓展和制度引领两个方面带动中国内陆地区的改革开放，对整个长江经济带的改革开放形成带动和示范作用，为长江经济带的建设走出一条政府引领、市场推动、企业主导的区域协调发展的新路子。上海自贸区的制度创新实践也可以为长江经济带内其他地区的发展提供可复制、可推广的制度成果，努力创造更加国际化、市场化、法治化的公平、统一、高效的营商环境，促进整个经济带的发展。

推动长江经济带发展，是以习近平同志为核心的党中央作出的重大决策，是关系国家发展全局的重大战略，对实现“两个一百年”奋斗目标、实现中华民族伟大复兴的中国梦具有重要意义。由于长江经济带涉及区域广、省份多、问题复杂，生态环境形势依然严峻，协同联动发展的力度还不够，各方面的主观能动性还不强，需要我们勇于担当、主动作为，打好长江保护攻坚战，促进长江流域乃至整个国家经济的大发展。

（三）走出绿色发展的新路子

改革开放以来，中国主要是粗放式发展，长江经济带的发展也面临诸多亟待解决的困难和问题，主要表现为生态状况恶化、区域发展不平衡、产业转型升级任务重等。推动长江经济带发展，必须将生态环境保护放在优先地位，涉及长江的一切经济活动都要以不破坏生态环境为前提，倒逼产业升级，产业发展要体现绿色循环低碳发展要求，要切实把“绿水青山就是金山银山”的理念升华为坚定的生态信条和高度的生态自觉。长江生态环境只能优化，不能恶化。2018 年 11 月，国务院明确要求充分发挥长江经济带横跨东、中、西三大板块的区位优势，以共抓大保护、不搞大开发为导向，以生态优先、绿色发展为引领，依托长江黄金水道，推动长江上、中、下游地区协调发展和沿江地区高质量发展。

1.建立统一的权威性管理机构

加强管理是流域合理开发利用的根本保证。长江经济带涉及省市多，涉及领域广，由于行政区划和条块分割，在地方利益驱动下，地区间存在产业结构雷同、生产布局重复及过度竞争等问题，与大河流域作为一个不可分割的综合体之间的矛盾日趋突出和尖锐。为此，有必要在国务院的直接领导下，尽快组织建立类似于“长江经济带建设委员会”的权威性管理机构。该管理机构的发展目标是建成一个体现“机会均等、公平竞争、利益兼顾、适度补偿”为原则的综合性统一管理机构，一方面创造出长江流域区域经济合作的良好环境，另一方面致力于协调可能出现的涉及区际利益的纠纷，还要统筹规划沿江地区的城市建设和对外开放，统筹规划沿江基础工业、支柱产业和重大建设项目的布局，统筹规划纵横交错、立体交叉的现代综合运输网络，统一开展流域自然灾害减防、生态环境保护和水资源综合治理工作，以促进这一领域的和谐健康发展。

2.控制开发强度，提升资源利用率

长江流域基础工业分布密集，在未来一段时间内经济增长仍然较快，大运量、大耗水、大耗能等“三废”排放量大的基础工业也将有更大发展，沿江地区将面临环境污染的更大威胁。因此，我们对长江流域的开发强度必须要控制在一定范围之内。对于经济发达地区，要提升生产空间效率和产出，控制建设用地增长，要加大立体空间开发力度，努力提高城市空间利用效率，扩大服务业、交通、城市居住、公共设施空间，提升城乡生活空间品质，推动产业转型绿色发展，优化沿江产业特别是重化工产业布局，打造世界级先进制造业集群。对于贫困地区，要实施生态式资源开发策略，立足当地自然资源优势进行合理开发和有效利用，重点发展生态农业和生态旅游业，同时加大资源开发和生态保护的补偿力度，改善地区经济，保障人民的基本生活条件。

3.重视发展加工工业和高科技产业

加工工业和高科技产业与传统基础工业相比，污染较小。长江流域人口密集，从而劳动力就业和充分发挥资源优势的角度看，客观上也需要发展一定的劳动密集型产业，而且这些产业也具有较强的国内市场竞争力和出口创汇能力，但这些产业的发展也应该有所规划，不能一哄而上，要以出口和进口替代为导向，大力提高产品档次和对国内外市场的适应能力，实现产业布局由大城市向中小城市和乡镇企业转移、从下游向中上游转移。此外，长江流域还是我国智力密集区和高等院校与科研院所集中分布区，人员素质和教育水平相对较高，为高科技产业的发展提供了可靠的人员保证，所以应当充分发挥这一领域的人力资源优势，发展高科技产业，提高经济效益，不断增强科技对经济发展的推动力。近些年来，长江沿岸城市都提出了科教兴市战略，有力地推动了沿江科技产业的高速发展。

长江经济带是国家发展的战略性和导向性的重点区域，国家产业政策与中国区域经济格局变化也给长江经济带的跨世纪发展带来新的机遇。进一步发展长江经济带是中国国土开发和经济布局的宏观战略的重要组成部分，长江经济带的建设成效直接关系到国家的整体利益和国际力量的对比，这一战略和“一带一路”发展倡议、“京津冀协同发展战略”共同组成当前我国经济发展的“三大规划”，这三大规划将共同促进我国经济发展踏上一个新台阶！

第四章 在对外开放中树立新形象

2013年12月30日，中共中央政治局就提高国家文化软实力进行第十二次集体学习，习近平总书记强调，要注重塑造我国的国家形象，重点展示：中国历史底蕴深厚、各民族多元一体、文化多样和谐的文明大国形象，政治清明、经济发展、文化繁荣、社会稳定、人民团结、山河秀美的东方大国形象，坚持和平发展、促进共同发展、维护国际公平正义、为人类做出贡献的负责任大国形象，对外更加开放、更加具有亲和力、充满希望、充满活力的社会主义大国形象。[①] 近些年来，国际形势发生了巨大的变化，世界历史正在走向历史转折的重大关头，我们按照习近平总书记的要求，正在一步步走向世界舞台的中心，逐步显示出社会主义发展中大国的重要作用，在对外交往中逐渐承担起世界性大国责任，不断展现出世界性大国新形象。

一、二十国集团峰会充分展现东方文明大国形象

二十国集团(G20)是1999年9月25日由美、英、德、法、意、俄、加、日八国集团的财长在华盛顿提出的，具体成员国有美国、中国、俄罗斯、英国、法国、德国、日本、加拿大、意大利、印度、沙特阿拉伯、澳大利亚、巴西、阿根廷、南非、墨西哥、印度尼西亚、土耳其、韩国19个国家以及欧盟。从2008年起开始召开领导人峰会，后来二十国集团的架构日渐成熟，并且为了反映新兴工业国家的重要性，二十国集团成员国的领导人于2009年宣布该组织将取

---

① 参见习近平：《建设社会主义文化强国 着力提高国家文化软实力》，新华网，2013年12月31日。

代八国集团成为全球经济合作的主要论坛，属于布雷顿森林体系框架内非正式对话的一种机制，旨在通过实现发达国家和新兴市场国家之间就实质性问题进行建设性的讨论和研究，推动国际金融稳定和经济持续增长。二十国集团的国民生产总值约占全世界的85%，人口则占近世界总人口的近2/3，它的创立对于世界经济的发展和金融市场的稳定具有重要影响作用。

国际货币基金组织总裁、世界银行行长以及国际货币金融委员会和发展委员会主席作为特邀代表也参与该论坛的活动，确保了二十国集团与布雷顿森林机构的紧密联系。为了应对经济危机，二十国集团从2008年起召开领导人峰会以商讨对策。中国是二十国集团的创始成员，并于2005年作为主席国成功地举办了第七届二十国集团财长和央行行长会议。2016年，中国成功举办了杭州峰会，向世界展示了中国作为东方文明大国的良好形象。

(一)世界风云变幻中迎接机遇，应对挑战

在2016年杭州峰会召开之前，国际形势异常复杂，国际环境风云变幻，资本主义世界打破了长期以来的平静局面，遇到了一系列的挑战和危机，二十国集团峰会多个成员国的领导人也面临着政权更迭的危机。在这一国际大形势下，杭州二十国集团峰会将会达成什么样的共识十分关键，也十分引人注目。

1.反全球化浪潮再度兴起

随着世界经济的发展，各国都遇到了不同程度的危机，一些国家民族主义兴起，掀起了又一轮反全球化浪潮：在经济发展方面，出现了逆全球化现象，这场本来由发达国家主导的全球化进程，却在金融危机的影响下，出现了全球范围的经济衰退，进而导致更高的失业率，债务率也节节攀升，全球范围内的贫富差距越来越大，进而导致贫富分化越来越大，人民生活水平普遍下降。在政治领域，美国大选中的“特朗普现象”改变了美国传统政党政治，传统政治精英遇到极大挑战；欧洲民粹主义大范围兴起，影响着法国、希腊、匈牙利、瑞典等多个国家的政治生态，恐怖主义、难民安置、英国脱欧等一系列棘手问题困扰着欧洲一体化进程；在拉美，经济持续低迷甚至衰退，一些国家再次陷入“中等收入陷阱”；一些国家右翼势力强势回归，发达国家不得不加强移民入境和互联网监管。种种现象说明新一轮反对全球化的浪

潮再度掀起。

2.二十国集团多个成员国的领导人不约而同地出现更迭

杭州峰会还面临着一股新的挑战，那就是二十国集团多个成员国的领导人不约而同地出现更迭，新一代领导人面临的问题各不相同、需求各异。因此，在破解新兴市场领导人与发达国家新一代领导人的关系方面，杭州峰会面临新的挑战，中国的举措会影响到二十国集团合作机制的政治基础和合作意愿，也影响到杭州峰会已达成成果的执行力度。

对于中国而言，二十国集团杭州峰会既是挑战，又是机遇，更是践行全球经济治理制度性话语权的天赐良机，需要全面展示大国责任、大国智慧、大国自信。而中国在面对这一系列挑战方面，具有很强的问题导向，从中国对二十国集团杭州峰会主题——“创新、活力、联运、包容”，以及四大议题——创新增长方式、更高效的全球经济金融治理、强劲的国际贸易和投资、包容和联运式发展的设计中可见一斑。为了在全球总需求不足的情况下办好二十国集团杭州峰会，推动经济全球化的深化发展，中国在这之前就进行了充足的准备，在推动贸易与投资、创新与就业等方面作出了极大努力，通过结构改革来挖掘全球经济增长潜力，通过包容联动方式推进联合国2030年可持续发展议程的落实。

(二)成功举办峰会凸显中国自信

2016年9月4日，二十国集团杭州峰会拉开帷幕。此次二十国集团杭州峰会的主张和措施全面展现了新时代中国的外交思路和外交格局，同时也为世界贡献了中国智慧和中国方案，凸显了中国自信。

1.为世界经济发展贡献了中国智慧

围绕着“构建创新、活力、联动、包容的世界经济”的主题，中国国家主席习近平在杭州峰会致开幕词。习近平主席的开幕词就共同应对世界经济的挑战、如何更好行稳致远、发展经济表达了中国心声，就建设好二十国集团提出了中国主张，并就开好杭州峰会、共襄发展盛举注入了信心与力量，为世界发展贡献了中国智慧，引起国内外广泛关注。

“创新”是指科技创新、经济创新以及体系创新，它是科技进步和世界经济持续增长的动力来源。为了世界经济的增长不断挖掘新的源泉，杭州峰会倡导二十国集团应该带头倡导创新驱动发展，鼓励包括科学技术、发展理念、体制机制、商业模式等在内的全面创新。“活力”是指完善全球经济治理模式，改革其中存在的不合理之处。为了提高世界经济抗风险能力，释放经济增长的潜力，打造更加公平、合理、高效的全球治理模式，提高各国经济增长的内生动力和质量效益，释放世界经济发展的潜能，杭州峰会倡导二十国集团应当从国际经济合作之处要活力，向各自国内结构改革要活力。“联动”是指联动式发展，促进贸易与投资，推进基础设施互联互通，推动世界经济共同发展。在全球化时代，各国联系更加紧密，增长的联动性与发展的互补性突出，世界各国成为一个一荣俱荣、一损俱损的共同体。为了加强各国经济全方位互联互通和良性紧密互动，更好地实现合作，以便应对挑战、实现共赢，杭州峰会倡导二十国集团应当结合人类命运共同体理念，从全球利益共同体出发，推动树立命运共同体意识，建设开放型世界经济。“包容”是指打破守旧思维和内向发展模式，实现世界经济的包容性增长，更大更好地把蛋糕做大，在体制机制方面加强公平公正，让发展的成果惠及全球，实现世界经济可持续发展。各国政治模式各具特色，经济发展水平有高有低，文化形态异彩纷呈，但实现发展、缩小发展鸿沟是各国的共同目标，发展的成果只能共享，不能垄断。二十国集团杭州峰会倡导应当继续致力于促进包容性的增长方式，通过实际行动减少全球发展的不平等、不平衡现象，从而使惠及面更加广泛，使各国人民共享世界经济增长的红利。

党的十八大以来，中国经济发展水平和实力不断提升，外界不断提升对中国的期望值，希望中国能更多地参与国际事务，为国际政治经济体系的顺利运行发挥更大作用。中国高度重视对外关系与世界和平发展，因为改革开放以来中国的经济利益在全球范围内拓展离不开全球化的发展。因此，全球经济治理框架和规则与中国国家利益的相关度越来越高，我们在其中将尽己所能贡献力量。

2.为世界经济发展提供了中国方案

2016 年二十国集团峰会的重点议题包括创新增长方式、更高效的全球经济金融治理、强劲的国际贸易和投资、包容和联动式发展，为世界经济发展提供了中国方案。

(1)创新增长方式

二十国集团杭州峰会提出，应当转变思路，重新审视世界经济增长方式和前景，深化结构改革，提高全要素生产率和潜在增长率，创新增长方式，为实现经济中长期强劲、可持续、平衡增长创造条件。一是通过宏观经济政策沟通，推进经济、创新创业领域等的政策沟通和协调，减少摩擦，促进创新成果的广泛应用，提升解决人类共同应对挑战的能力，推动各方采取负责任的宏观经济政策，加强政策协调，增进各国政策的协同效应，维护金融市场稳定，促进投资和消费，共同促进世界经济增长，减少负面影响。二是提升中长期增长潜力。受结构性因素影响，各国经济普遍面临增速放缓的挑战，各国应加强合作，服务创新驱动发展，通过鼓励科学技术、发展理念、体制机制、商业模式等在内的全面创新，挖掘新的经济增长点；拓展经济增长的边缘，推进结构性改革，提高全要素生产率和潜在产出，拓展增长的边界；推动新工业革命，充分发挥新技术、新要素和新工业组织模式在促进国内生产和创造就业中的作用，加强二十国集团在工业发展特别是在数字经济方面的合作，实现共同增长。

(2)更高效的全球经济金融治理

二十国集团杭州峰会提出了很多提高全球金融治理效率的有效措施：第一，推进金融部门改革。二十国集团应在基础设施方面完善金融体系，增强全球金融基础设施审慎监管，加强全球金融监管合作。第二，完善国际金融架构。二十国集团应推动建立更加稳健的国际金融体系，从监督层面加强力度，从管理方式层面加强方式创新，使资本实现跨境流动，促进技术革新，完善全球金融安全网络建设，推动主权债务有序重组。第三，发展绿色金融。为应对环境挑战和气候变暖，推动全球经济向绿色转型，各方应加强信任，增强全球金融机构的绿色化程度。第四，完善国际税收制度。二十国集团要不断深化国际税收合作，在全球范围内建立发展中国家广泛参与的包容、公平、透明的机制，在落实国际税制改革成果和其他税收领域已有共识的基础上，不断深化全球税收合作，打击逃税避税行为，并切实帮助发展中国家加强税收能力建设。第五，落实反腐败共识。各成员应当继续加强合作，制定切实可行的跨年度反腐败行动计划，拒绝做腐败分子的避风港，促进在腐败资产返还、腐败人员遣返等领域的合作，并将其作为二十国集团未来工作重点之一。

(3)强劲的国际贸易和投资

贸易是促进增长的动力，而投资是增加就业的引擎。目前，保护主义在贸易投资方面显著抬头，国际贸易增速放缓，连续三年低于世界经济增速。

目前在全球范围内，各类自贸区和双边投资协定发展迅猛，一方面促进了贸易投资自由化、便利化，但另一方面也带来全球贸易投资治理的“碎片化”，需要各方共同研究对策以应对挑战。当前，针对此类问题，有必要加强二十国集团贸易投资合作：第一，加强贸易和投资机制建设，发挥二十国集团成员作为全球贸易大国的作用。第二，支持多边贸易体制，为实现联合国2030年可持续发展议程做出贡献。各方在贸易发展方面有共同需求，应当推动世贸组织就各方共同关心、与贸易投资相关的新议题开展讨论。第三，促进全球贸易增长。二十国集团应发出强有力的政治信号，明确贸易对增长和就业的关键作用，通过深入研究和讨论制定全面的行动方案，以此促进全球贸易增长和开放程度，从政策方面积极营造贸易发展的良好环境，推动全球贸易恢复和投资强劲增长。第四，促进包容协调的全球价值链发展。当前，全球价值链已进入新的调整重塑期，全球贸易投资便利化水平很低，发展中国家在全球价值链中的参与度和话语权不高，二十国集团应从体系方面着力构建合作共赢的全球价值链，从制度方面探索制定相关倡议文件，加强发展中国家在价值链中的能力建设和政策协调，从根本上提升中小企业和发展中国家参与全球价值链和开展贸易投资的能力，积极构建更加协调、包容的全球价值链规则体系。第五，加强国际投资政策合作与协调。投资是推动全球贸易发展和经济增长的重要动力，为促进全球投资恢复强劲增长，面对当前各类投资协定众多、全球投资治理体系“碎片化”现象突出的现状，二十国集团应加强政策协调，在自愿基础上共同探索制定非约束性的全球投资指导原则或框架，要切实解决发展中国家具体关注的现实问题，积极搭建合作平台，大力开展能力建设、信息交流、良好范例推广等务实合作，提高发展中国家开展跨境投资的能力，为全球投资流动营造良好的政策环境。

(4)包容和联动式发展

帮助广大发展中国家实现经济发展是国际社会的道义责任，也是解决世界经济动力不足的有效途径。广大发达国家应该拥有长远眼光和整体意识，明晰帮助发展中国家的最终效果也会使自身受益。2015年是国际发展合作的关键之年，联合国发展峰会通过《2030年可持续发展议程》，要求各国共同努力消除极端贫困，促进经济、社会、环境协调发展，缩小南北发展差距，实现全人类共同发展。这是各国领导人做出的庄严承诺，必须将其落到实处：第一，关于联合国《2030年可持续发展议程》，二十国集团成员应根据各国特别是广大发展中国家在落实上述议程中的实际需求先行一步，结合自身独特地位和优势，拿出致力于解决实际问题的一揽子工作方案。中国倡议二十国集团成员制定落实《2030年可持续发展议程》的国别方案，汇总形成二十国集团整体行动计划，用行动落实，助推世界经济强劲、可持续和平衡增长。第二，优化二十国集团发展合作议程，推动各方更加系统、有效地落实二十国集团发展领域既有承诺，加强与《2030年可持续发展议程》等国际发展议程的联系和对接，更好地帮助发展中国家从根本上提升发展能力，增强商业、工业化等领域的全面合作，共同推动全球增长和就业。第三，实现基础设施建设互联互通。二十国集团应推动多边开发机构采取联合行动，进一步加大对基础设施投资的支持力度，并积极发挥亚洲基础设施投资银行、金砖国家开发银行等新机构对现有多边发展体系的有益补充作用，促进全球基础设施互联互通。第四，落实可获得、可负担、可持续的能源供应。二十国集团应以《能源合作原则》为指导，加强在可再生能源和能效领域的合作，推动各国走上绿色、平衡、可持续的发展之路。第五，增加就业。就业是民生之本，二十国集团应创新发展理念，实施有利于就业的宏观经济政策，推动创业带动就业，加强失业治理，激发劳动力市场活力。加强新经济对劳动力市场影响的分析预测，提高职业技能培训的有效性和多样性，增强劳动者就业能力，健全更加公平、可持续的社会保障体系，建立合理的收入增长机制，提高就业质量。第六，保障粮食安全与营养。据联合国粮农组织预计，2005～2050年世界粮食产量需提高60%才能满足全球需要。应落实二十国集团对粮食安全与营养问题的各项承诺，促进农业科技创新，扩大农业投资，提高粮食产能。第七，落实气候资金。联合国气候变化巴黎大会将对2020年后全球合作应对气候变化作出机制安排，并进一步提高2020年前应对气候变化行动力度。二十国集团成员均为《联合国气候变化框架公约》(以下简称《公约》)缔约方，应在遵循《公约》原则和规定的基础上，积极落实巴黎大会在气候资金等问题上达成的成果，并为各方在《公约》框架下继续讨论如何解决发展中国家应对气候资金需求等问题提供积极的政治推动力。第八，消除贫困。消除贫困是《2030年可持续发展议程》的首要任务，也是各国实现可持续发展的重要组成部分。目前全球仍有8亿多贫困人口，实现消除贫困的目标任重道远。二十国集团应加大对减贫工作的投入，积极开展国际减贫合作，帮助发展中国家尤其是最不发达国家提升本国发展能力，改善外部发展环境，携手加快全球减贫进程。第九，支持非洲等发展中国家工业化。国际社会应该采取切实行动，共同支持非洲工业化进程，帮助非洲国家增加就业、消除贫困、加强能力建设，实现自主、可持续发展。

对世界而言，杭州峰会恰逢其时。中国的方案对于缓解国际金融危机的风波，帮助世界经济重回正轨、行稳致远起到了巨大作用，有利于促进世界经济增长、稳定国际金融市场、创新增长模式和动力来源，也有利于地区热点问题的解决，打破了地缘政治的藩篱，对有效应对气候变化、难民危机、恐怖主义等全球性挑战也具有建设性作用。

3.向世界展示了中国自信

杭州峰会开创性地制定了《二十国集团创新增长蓝图》《2016年二十国集团创新行动计划》等文件，就结构性改革的优先领域、指导原则和指标体系达成共识。结构性改革首次同财政政策、货币政策并列为三大政策工具，并最终写入领导人公报。

中国改革开放取得了巨大成就，主要得益于国内的社会稳定、国际社会和平发展主题和人民的辛勤努力。当前，随着中国国力的提升，国际上南北力量格局出现重大变化，世界政治安全热点问题增多，中国经济发展和对外开放的国际环境面临复杂局面。中国借主办二十国集团峰会之机，弘扬十八大以来提出的中国特色大国外交、合作共赢的新型国际关系、人类命运共同体等中国理念，提出建设性、合作性倡议，呼吁各方不纠缠对抗性、争议性议题，努力消解守成大国的疑虑，避免修昔底德陷阱，提升合作氛围，继续抓住和延长发展必需的重要战略机遇期。[①] 杭州峰会还正值我国实施“十三五”规划开局之年和全面深化改革关键之年，我国发展站在新的历史起点上，正如习近平主席在二十国集团领导人杭州工商峰会开幕式上所说：“这个新起点，就是中国全面深化改革、增加经济社会发展新动力的新起点，就是中国适应经济发展新常态、转变经济发展方式的新起点，就是中国同世界深度互动、向世界深度开放的新起点。”

杭州峰会有利于对外经济合作同深化国内改革发展紧密融合，也有利于助推中国的经济转型以便于营造更加和平和有序的发展环境。同时，杭州峰会为中国与世界的进一步交流互鉴、合作共赢打开了新的窗口、提供了

① 参见综合开放研究院：《中国开放褐皮书》，经济出版社2016年版，第48页。

重要平台，对推动我国经济社会发展、增强我国全球治理话语权和制度性权力、运筹同主要各方关系，都具有重要现实意义和深远战略影响。①

二、达沃斯论坛展现出世界大国形象

达沃斯论坛是以研究和探讨世界经济领域存在的问题、促进国际经济合作与交流为宗旨的世界经济论坛。由于在瑞士小镇达沃斯首次举办，所以该世界经济论坛被称作“达沃斯论坛”。从1992年开始，中国国家领导人陆续参加达沃斯论坛并发表讲话。从2007年起，“夏季达沃斯”每年轮流在中国的大连和天津举行，但真正使达沃斯论坛与会者们感受到“中国元素”和“中国氛围”的还是在近三届。

在2017年的达沃斯论坛上，习近平总书记提出了“人类命运共同体”的崭新理念，倡导世界各国团结起来，因为人类只有一个地球，各国共处一个世界，充分展现出中国的世界大国形象。

（一）时代脚步催生“人类命运共同体”理念

国内对于“人类命运共同体”概念的解释是有一个过程的。2011年9月6日，《中国和平发展》白皮书首次提出了“命运共同体”这一概念。2012年11月8日，中共十八大报告中胡锦涛首次提出了“人类命运共同体”的概念，主张合作共赢，倡导人类命运共同体意识，在追求本国利益时兼顾他国合理关切，在谋求本国发展中促进各国共同发展，建立更加平等、均衡的新型全球发展伙伴关系，同舟共济，权责共担，增进人类共同利益。②

2013年3月24日，习近平总书记在莫斯科国际关系学院发表的演讲中，第一次向世界阐释了中国的“命运共同体”的概念。2015年9月28日，习近平总书记在联合国成立70周年系列峰会上再一次向世界阐释了“人类命运共同体”的概念。2016年9月3日，在二十国集团工商峰会（B20峰会）开幕式上，习近平总书记发表主旨演讲时提出，构建合作共赢的全球伙伴关系，树立人类命运共同体意识、伙伴精神，求同存异、聚同化异，国家应该平

① 参见王毅：《为世界经济治理提供中国方案》，《人民日报》2016年9月20日。

② 参见胡锦涛：《坚定不移走中国特色社会主义道路，夺取中国特色社会主义新胜利——在中国共产党第十八次全国代表大会上的报告》（《人民日报》2012年11月8日）。

等相待、相互帮扶，共同发展，再次呼吁“树立人类命运共同体意识”。[1]

2017年1月19日，在瑞士日内瓦召开的“共商共筑人类命运共同体”高级别会议上，习近平总书记在题为“共担时代责任，共促全球发展”的讲话中指出：人类之间已是你中有我、我中有你的命运共同体，彼此之间唇齿相依。每个国家都拥有发展自身的权利，并且发展自身权益的同时也应该高屋建瓴地考虑他国的利益，提出要牢固树立人类命运共同体意识。

2017年2月10日，在联合国社会发展委员会第五十五届会议上，“构建人类命运共同体”第一次被写入联合国决议。10月18日，习近平总书记在中共十九大报告中呼吁各国人民齐心协力，共同构建人类命运共同体，并围绕人类命运共同体的理念对世界建设、国家交往、国际和平、环境保护等提出了一系列建议和要求，丰富和发展了习近平新时代中国特色社会主义思想。

“推动构建人类命运共同体”于2017年10月24日在党的十九大上被正式写入《中国共产党章程》。2018年3月11日，第十三届全国人民代表大会第一次会议中，被写入《中华人民共和国宪法》。2019年4月23日，在中国人民解放军海军成立70周年多国海军活动的外方代表团团长会议上，习近平总书记提出了“海洋命运共同体”的概念，是对“人类命运共同体”理念的进一步丰富和完善。

（二）“人类命运共同体”是解决世界性问题的中国答案

在现今的国际社会中，人类面临着越来越多且越来越复杂的全球性挑战，如恐怖主义、环境问题、经济失衡等，这些挑战并不是任何一个国家可以凭借自己的力量就可以解决的，需要世界各国共同努力，而“人类命运共同体”就是中国针对解决这些世界性问题给出的中国答案。

1.为解决国际政治话语权失序现象提出了有效方法

当今世界出现了越来越多的全球性问题。对于这些问题，任何一个国家，即使是最强大的国家都无法单独解决，所以国际社会中的绝大多数国家都会呼吁国家之间加强对话与合作，以此来提高对全球性挑战的应对能力。

① 参见《习近平出席2016年二十国集团工商峰会开幕式并发表主旨演讲》，《人民日报》2016年9月4日。

无论是发达国家，还是发展中国家，都想在国际事务中发出自己的声音：发展中国家通过努力参与国际社会的配合，积极参与全球治理，为本国在国际社会中争夺更多的制度性权力和话语权，以保证本国在涉及人类整体以及本国发展的各项权益问题上能够发出自己的声音并被听取；发达国家在面对一些国内、国外的困境时，也需要通过一些国际渠道来表达自己的需求。尤其是在2008年全球性金融危机之后，发达国家的经济发展也不同程度地遇到了各种困难。总之，不管是发展中国家还是发达国家在面对新的全球形势时，都希望通过本身的政治话语权来谋求或巩固自身的权益。[①]

虽然大家都有加强合作的愿望，但在国际社会的实际运作中，依然广泛充斥着霸权主义和强权政治，发达国家在现有的全球治理体系中仍然占据着绝对的领导权，如世界上最强大的国家——美国，一直担任着世界的领导者角色，对世界各国内政指手画脚。而广大发展中国家原先大多是殖民国家，长期遭受帝国主义的欺凌，很难与发达国家实现平等对话，这就无形之中为国际合作添加了障碍。

"人类命运共同体"理念的提出为解决政治话语权的失序现象提供了有效的方法：

(1)各国应该树立尊重、平等、协商的政治理念。"尊重"指的是各国在相互关系中要通过相互对话而不是相互对抗来构建包容性和建设性更强的伙伴关系，要践行多边主义、开展国际合作，这是良好的基础和重要的前提条件；"平等"是对外交往的前提，也是我国外交政策的重要原则；"协商"是民主的重要"形式"，在现代国际治理中也应当是重要的国际治理方法，应当提倡用对话的方式解决争端，用协商的方式解决国际间的分歧，即解决政治争端的首要途径和最有效的手段就是协商，这也是民主的重要体现。将政治协商理念在全球范围内进行倡导，对于构筑国际政治民主体系、形成更合理有序的国际政治格局都是有益的。

(2)努力构建一个总体稳定、发展均衡的国际关系框架，这是中国一直努力的方向。我们始终尝试与世界各国发展友好合作关系：中美之间有冲突，但也有很多利益交织在一起，中国愿意与美国一起，共同推进中美关系

① 参见刘勇、王怀信：《人类命运共同体：全球治理国际话语权变革的中国方案》，《探索》2019年第2期。

的协调、合作、稳定；中俄一直坚持元首战略引领，将全面战略协作伙伴关系推到一个更高的高度；中国始终支持欧洲一体化，期望看到一个更加团结、稳定、繁荣的欧洲；中国一直秉承着亲诚惠容的理念以及与邻为善、以邻为伴的方针发展同周边各国的关系，也始终没有忘记非洲兄弟，总是尽我们所能去帮助他们发展，努力发挥自身作为发展中大国、世界第二大经济体的引领作用，彰显大国力量，使中国同发展中国家的命运共同体进一步得到构建。

2.为解决国际经济话语权失衡问题提供了可行性路径

21世纪，全球经济的发展格局发生了很大的改变，以金砖国家为代表的新兴市场国家和发展中国家崛起，这一变化表现出了全球经济格局的大转变，也改变了以前那种全球经济主要由发达国家掌控的局面。到了2016年，西方工业国家在全球经济中的占比已经下降为31%，新兴市场国家在全球经济中的占比则上升至31%。这种逆转是历史性的，表明新兴市场国家和发展中国家已经取得了实质性的进步。

新兴发展中国家的崛起并没有引发原先的全球治理权力格局发生相应的变革，虽然2008年以来的全球性金融危机使西方发达国家经济运行都遇到了一定的困难，但在现行的经济治理话语权中发达国家依然占有主导性的地位。显然，现有的经济格局已不适用这一话语权格局，新兴市场国家和发展中国家自身的经济实力与他们所拥有的话语权不对等，即新兴市场国家和发展中国家在为世界经济做出贡献的同时却不能得到相应的权益，这一话语权失衡现象，对全球治理的现代化进程造成了较为严重的不良影响。

“人类命运共同体”理念的提出为解决世界性经济话语权失衡问题提出了可行的解决途径：

(1)各国应树立合作共赢、开放创新、包容互惠的经济理念。世界各国之间只有互相取长补短、相互交融才能产生更大的发展潜力，应坚持合作共赢、双赢、多赢的理念，摒弃以往的意识形态偏见等不合适的旧思维，加强国与国之间的合作，共同面对挑战，促进共同发展。要明确经济全球化发展的方向应当是更加开放、包容、普惠、平衡以及共赢，应当对各国特别是新兴市场国家和发展中国家的利益进行平衡照顾。现今全球正在进行新一轮的科技革命和产业革命，这既带来了机遇也带来了挑战。基于此，世界各国应该走的道路是开放包容、互利共赢的道路，共同打造国际合作环境的开放、公平、透明，不进行技术霸权，缩小数字鸿沟，使世界各国人民真正享受到第四次工业革命带来的福利。①

(2)实行互利共赢的开放战略，放宽市场准入，发展开放型经济。当今世界是开放的世界，任何国家都不可能独立于世界经济之外，必须进一步对外开放，放宽市场准入。改革开放之后，中国的对外贸易就开启了一段新的征程，中国积极融入经济全球化潮流，推动世界经济朝着共享互利的方向发展。中国的经济理念倡导开放创新、包容互惠，我们成立亚投行，提出“一带一路”倡议，与世界各国加强经济联系，积极承担中国的经济责任，促进世界经济向着更加包容互惠的方向发展，使发展的成果可以让世界人民共享。

中国首届国际进口博览会于2018年举办，成交额达到600亿美元，自此之后中国的国际进口博览会将每年都举行一次，进一步向世界打开中国开放的大门。对于多边贸易和投资自由化、便利化，中国一直是大力支持的，中国已经同25个不同国家和地区达成了17个自贸协定。中国还一直致力于推进区域一体化进程，构建亚太命运共同体。至2018年，中国连续10年成为东盟最大贸易伙伴。

3.为解决国际文化话语权失范问题提供了可能的机会

伴随着经济全球化，世界不同地区之间的文化交流与融通也在不断地深化。文化的交流与融通主要体现在以下四个方面：一是政府。目前，很多国家都利用国家之间互相访问的机会，签订许多文化交流方面的协议，比如中国与俄罗斯、法国等国家互办文化年的活动；举办全球性或是地区性的赛事、纪念活动，比如奥林匹克运动会、二战纪念活动等，这既增强了不同国家之间的文化对话，也增加了国家之间的了解。二是跨国公司。如今，在全球的各个角落里都有跨国公司业务的足迹，在国际分工和产业合作方面把全球不同的地区都联系在一起，进而使各个国家的人员在业务往来中增加了不同文化之间的交流和了解。三是跨国组织。政府性组织与民间组织都是跨国组织的组成部分，跨国组织在很多国际活动中，能够增进不同地区和国家之间人员的相互了解。四是个人。近年来个人旅游的需求不断增长，出国旅游逐渐成为越来越多人的选择。伴随着旅游的相互来往，不同国家的

① 参见杨洁篪：《倡导国际合作，维护多边主义，推动构建人类命运共同体》，《国际问题研究》2019年第2期。

人们增加了对其他国家的了解。这四个层面是目前全球各个国家之间文化交流互动不断增强的体现，反映了文化间进行对话与交流成为时代潮流。①

但是，伴随着不同文化之间对话与交流的增多，文化交流与对话的排斥现象也出现了，具体表现为两种状况：一种是拒绝与其他文化进行交流与对话的文化优越论；另一种是以对抗性理念对待文化交流与对话的文化对立论。

文化优越论主要体现在发达国家与发展中国家之间的文化关系上，发达国家认为其文化本身具有发展中国家所不具备的优越性。一些西方学者认为资本主义之所以会取得如此巨大的成就，最主要的原因就是资本主义文化的优越性，发展中国家发展过程中存在的诸多问题就在于其不具有发达国家文化所具有的优越性。因此，西方发达国家把自身的文化价值称作"普世价值"，并且通过在对发展中国家的援助中附加各种政治条款，迫使发展中国家接受其文化理念，完全忽视发展中国家文化传统，但从实施成果来看，由于水土不服，那些照搬照抄发达国家经验的发展中国家都在发展中遇到了各种困难。

文化对立论的内容表现在文化的认知和采取怎样的态度对待不同文化方面，主要表现为"文明冲突论"，即一些学者认为不同文明间存在不同的话语体系和信任体系，因此不能够实现和平交流，解决问题的方式只能是走向冲突和对抗。一些学者甚至认为应当固守不同文化间的差异性，直接拒绝了彼此间的文化对话与交流。

"人类命运共同体"理念的提出为解决国际文化话语权失范问题提供了可能的机会：

(1)各方应树立开放包容、和而不同、兼收并蓄为基础的文化理念。在今天的国际交流中，文化交流不仅对于国家间的友好关系扮演着重要的角色，同时也是促进世界文化繁荣发展的内在要求。各国应当采取互相尊重的态度，虚心接受各国不同文化，尊重人类文明多样性，要充分认识到每个国家、民族因其文明背景和所处环境不同而产生了独具特色的文化，每种文化虽然在具体内容上存在不同，但是又都与其他文化有相通之处。不同文

---

① 参见刘勇、王怀信：《人类命运共同体：全球治理国际话语权变革的中国方案》，《探索》2019年第2期。

明凝聚着不同民族的智慧和贡献，没有高低之别，更无优劣之分。文明之间要对话，不要排斥；要交流，不要取代。

国际社会由不同的国家构成，人类社会由不同的民族构成，不同国家、民族的生存环境存在着较大的差异，因此文明也必然是多样的。在新航路开辟之前，世界上不同地区基本上长期处于相互隔绝的状态，文化之间的交流基本处于停滞状态，但随着世界经济的发展，各国之间的经济的交流日益密切，经济的发展带动了文化间的相互交流。21 世纪以来，世界各国之间的经济、人员往来更加频繁，不同文明间的交流和融通已经成为人类文明的常态。文化的友好交流能够对经济基础起能动的反作用，促进国与国、民族与民族之间的交往，因而在世界范围内促进文化的正常交流具有重要的意义。

(2)倡导建立包容性的文明相处模式。人类文明多样性赋予这个世界姹紫嫣红的色彩，要尊重和维护人类文明的多样性，构建一个开放包容的世界。如今，在这个全球化进程不断向前推进的新时代，没有任何一个国家可以置身事外，人类只能选择在开放中推动不同文明间的包容性相处和包容性发展。

当然，倡导开放是主张凝聚不同民族、不同信仰、不同文化、不同地域人民的共识，推动不同文明间的互动与融通，进而共同构建价值共同体，而不是主张所有的国家都按照同一种模式进行文化交流和传播。因此，在保护其他国家合法发展权益和国际社会整体发展进程的要求下，要坚决反对任何形式的“文明优越论”和“文明对立论”。在推进全球范围内不同文明间的对话进程中，应切实认识到不同文明凝聚着不同民族的智慧和贡献，并在此基础上努力打造一种包容性的相处模式。

坚持包容性的文明相处模式，并在这一模式中加强不同文明间的对话并化解其分歧，能够更有力地推动全球社会的共同发展。面向未来，全球社会应当尊重世界文明多样性，以文明交流超越文明隔阂，以文明互鉴超越文明冲突，以文明共存超越文明优越。只有在与不同文明的现实接触中推进互学互鉴，才能在真正实现文明多样性的基础上助力于人类命运共同体的构建进程。①

① 参见习近平：《决胜全面建成小康社会　夺取新时代中国特色社会主义伟大胜利——在中国共产党第十九次全国代表大会上的报告》，人民出版社 2017 年版，第 56 页。

4.为解决国际安全话语权失当问题提供了新的方式

当前，国际形势深刻演变，单边主义、保护主义持续上升，国际多边秩序和全球治理体系遭到挑战。世界面临单边与多边、对抗与对话、封闭与开放的重大选择，处于何去何从的关键十字路口。中国一贯认为，联合国对于维护多边主义、维持世界和平和安定发挥了重要作用。《联合国宪章》集中体现了国际社会关于多边主义的共识，为当代国际秩序奠定了基石。作为联合国创始会员国和安理会常任理事国，中国始终支持和践行多边主义，始终高举和平、发展、合作、共赢的旗帜，始终做世界和平的建设者、全球发展的贡献者、国际秩序的维护者。

网络安全、恐怖主义、重大自然灾害、伊核问题、朝核问题以及叙利亚问题、巴勒斯坦问题、阿富汗问题等时刻威胁着世界安全和地区安全。"人类命运共同体"理念的提出为解决国际安全话语权失当问题提供了新的方式。

(1)各方要携手建立维护普遍安全的世界。世界是我们共同的世界，为了我们共同的安全，各国应坚持国际合作，维护多边主义，推动构建人类命运共同体；要加强国际合作，携手维护西亚、北非地区安全稳定，综合施策解决产生难民移民的根源问题，坚持同舟共济、公道正义、合作、可持续的新安全观，尊重和保障每一个国家的安全；要共同应对气候变化、网络安全、恐怖主义、重大自然灾害等全球性问题，共同维护国际安全和地区安全。中国也将自己的承诺落实到行动当中，积极参与联合国维和行动。我们是派出维和人员最多的安理会常任理事国和联合国第二大维和摊款国。中国海军连续 10 年在亚丁湾、索马里海域执行护航任务，先后为 6600 多艘中外船舶安全护航。

(2)有能力的大国要积极参与国际性安全问题的解决。国际性安全问题的解决需要大国的积极参与，只有大国积极参与进来，才能促进各种问题的有效解决。我们积极参与国际反恐合作，致力于通过对话谈判，推动妥善处理伊朗、叙利亚、巴勒斯坦、阿富汗等地区热点问题。中国支持亚太国家开展安全对话，支持探讨符合地区实际的区域安全理念架构。欢迎美、朝领导人举行会晤，将继续推动各方朝着实现半岛完全无核化、建立半岛永久和平机制的方向努力。同时，中国也坚决捍卫国家的领土主权和海洋权益，坚决反对任何以所谓"航行和飞越自由"为幌子，从事损害中国主权和安全利益的行为。中国致力于同东盟国家全面有效落实《南海各方行为宣言》，积极推进“南海行为准则”磋商，希望域外国家能尊重和支持地区国家为此所做的努力。

(三)“人类命运共同体”理念正在被世界人民所认同

2017年，特朗普当选美国总统后，提出了一系列“逆全球化”主张，全世界都为此感到十分茫然。而中国在推动改革、扩大开放、持续发展方面取得显著成绩，习近平主席此时提出的“人类命运共同体”的主张得到了世界人民的广泛关注，一时使达沃斯成为世界目光聚焦的地方。

1.着眼于人类发展的前途

“人类命运共同体”思想关注的是整个人类的命运，它的提出建立在正确认识人类文明进步方向的基础之上，着眼于人类发展前途，对中华民族的复兴以及人类文明的发展都具有重要意义，是习近平总书记根据当代人类面临的严峻挑战提出的，是为了及时有效应对当今世界面临的各种全球性问题，从而为世界的未来发展指明了新的方向。此外，“人类命运共同体”理念建立在各国相互合作和依存、利益共享、休戚相关与国际共赢的基础之上，以和平发展与合作共赢为支柱，把握住了时代潮流，顺应了时代发展局势，反映了中国新时代的外交战略，是中国对21世纪国际关系理论、对未来世界关系发展设想的重大贡献，也是实现“中国梦”、追逐“世界梦”的重要指导原则。

2.强化了中国共产党人的担当

中国共产党是中国各项事业的领导核心，担负着带领中国人民实现中华民族伟大复兴中国梦的历史使命；同时，中国共产党是一个马克思主义政党，肩负着全人类解放事业的伟大历史责任。因此，中国共产党的使命不仅与中华民族的命运联系在一起，而且也与人类社会的发展密切联系在一起。中国共产党提出“人类命运共同体”的概念，制定了合作蓝图，并着手推进“一带一路”建设、全球伙伴关系网络建设、发起召开全球政党大会，用实际行动促进人类命运共同体的建设，这反映了中华民族应有的责任担当，也体现了中国共产党人的担当。党的十九大报告中指出：“世界命运掌握在各国人民手中，人类的未来与各国人民的选择息息相关。中国人民与各国人民共同努力，推动人类命运共同体的建设，共同创造人类的美好未来。”

人类命运共同体是秩序观，也是价值观；是利益共同体，也是价值共同体；是责任共同体，也是行动共同体。正如习近平总书记2017年12月1日在中国共产党与世界政党高层对话会上所讲的那样："人类命运共同体，顾名思义，就是每个民族、每个国家的前途命运都紧紧联系在一起，应该风雨同舟，荣辱与共，努力把我们生于斯、长于斯的这个星球建成一个和睦的大家庭，把世界各国人民对美好生活的向往变成现实。"

三、"一带一路"国际合作高峰论坛展示了社会主义大国形象

"一带一路"是"丝绸之路经济带"和"21世纪海上丝绸之路"的简称，这是我们作为崛起的社会主义大国向周边国家提出的共同发展的合作倡议。在这一倡议下，我们将充分依靠中国与有关国家既有的双多边机制，借助行之有效的区域合作平台，旨在借用古代丝绸之路的历史符号，积极发展与沿线国家的经济合作伙伴关系，打造政治互信、经济融合、文化包容的利益共同体、命运共同体和责任共同体，充分展示了我们社会主义大国的形象。

（一）崛起的社会主义中国将和周边国家一起向前发展

两千多年前，亚欧大陆上勤劳勇敢的人民，不懈努力，探索出多条连接亚欧非几大文明的贸易、文化、政治交流通路，后人将其统称为"丝绸之路"。千百年来，丝绸之路所传承的开放合作、包容共赢、和平友好的丝路精神不断推进人类文明的进步，所发挥的促进沿线各国经济、科技等繁荣发展的纽带作用也在传承中不断发扬壮大，是东西方交流合作的象征，是世界各国共有的历史文化遗产。

1.为解决国际难题提供了新的思路

当今世界正发生复杂深刻的变化，从国家层面来看，国家面临的发展问题依然严峻；从国际层面来看，国际金融危机深层次影响不断显现并影响深远。目前世界经济整体呈现缓慢复苏态势，但发展较为分化，国际多边贸易规则亟须调整以适应当前的投资贸易格局。在这一严峻的经济发展形势下，以单个国家和多个国家来抗击当前的经济形势无异于以卵击石。进入21世纪以来，在以和平、发展、合作、共赢为主题的新时代，面对全球经济复苏乏力以及国际上纷争不断，国际贸易市场危机四伏，部分地区形势紧张，丝绸之路的精神与做法为解决这一难题提供了另一种思路，传承丝路精神更显珍贵和重要。

共建"一带一路"是在维护全球自由贸易体系和开放型世界经济的基础上，秉持着开放的、合作的、共赢的、互利的精神，共同面对和顺应世界多极化、文化多样化、社会信息化、经济全球化的潮流，通过将沿线各国以贸易连接起来的形式，促进沿线各国实现经济政策协调，共同打造开放、包容、均衡、普惠的区域经济合作架构，实现经济要素在各国间自由有序的流动，促进资源有效整合且高效配置，实现市场更深层次的融合，推动和开展更大范围、更高水平、更深层次的区域合作，解决各种国际性难题，符合国际社会的根本利益，彰显了人类社会共同理想和美好追求，是国际合作以及全球治理新模式的积极探索，将为世界和平发展增添新的正能量。

2.为构建经济上的人类命运共同体提供新的思路

40年来，中国改革开放事业取得了巨大成就，但是在进入21世纪之后，中国面临更大的挑战，尤其是中国经济进入了新常态，如何适应中国经济的发展，避免"中等收入陷阱"成为我们必须面对的难题。"一带一路"建设，既是中国扩大和深化对外开放的需要，也是加强沿线亚欧非国家及世界各国合作、互利、共赢的需要，为中国经济发展注入了新的活力，为构建经济上的人类命运共同体提供了新的思路。同时，也表明中国愿意在国际上承担更多的力所能及的责任，为全球经济的发展贡献自己的力量，为人类和平发展做出更大的贡献。

2013年9月和10月，习近平总书记在出访哈萨克斯坦和印度尼西亚时先后提出共建"丝绸之路经济带"和"21世纪海上丝绸之路"的重大倡议。几年来，共建"一带一路"倡议得到了越来越多国家和国际组织的积极响应，受到国际社会广泛关注，影响力日益扩大。

"一带一路"倡议根植于中国历史，重点面向亚欧非大陆，但是更是属于世界人民的，更是面向未来世界发展的，更是向所有伙伴开放，在地域上跨越了不同的国家，在经济上纵穿了不同发展阶段，在文化上关联了不同的文化传统，是和平的倡议、发展的倡议，摒弃了以意识形态为界限的狭隘观念，摒弃了以地域为政治联盟的狭隘观念，倡议以共商共建共享为原则，以和平合作、开放包容、互学互鉴、互利共赢的丝绸之路精神为指引，以政策沟通、设施联通、贸易畅通、资金融通、民心相通为重点，已经从理念转化为行动，从愿景转化为现实。2018年8月，习近平同志在北京主持召开推进"一带一路"建设工作5周年座谈会，提出"一带一路"建设要从谋篇布局的"大写意"

转入精耕细作的“工笔画”，向高质量发展转变，造福沿线国家人民，推动构建人类命运共同体。①

(二)“五通”原则指导各国合作迈向新的台阶

2013 年以来，共建“一带一路”倡议以政策沟通、设施联通、贸易畅通、资金融通和民心相通为主要内容扎实推进，取得明显成效，一批具有标志性的早期成果开始显现，各参与国得到了实实在在的好处，对共建“一带一路”的认同感和参与度不断增强。2017 年，首届“一带一路”国际合作高峰论坛在北京举行，并受到国际社会普遍关注，“五通”原则也受到各方的高度关注和赞扬。

1.政策沟通是前提和保障

政策沟通是各国、各国际组织共建“一带一路”的重要前提和保障，是达成合作携手共建的重要先导，只有政治上达成共识才能推动其他各项合作的顺利进行。近几年来，中国与世界各国和国际组织充分沟通协调，签署共建“一带一路”政府间合作文件的国家和国际组织数量逐年增加，各国逐渐达成了广泛的共识。2016 年 11 月，联合国 193 个会员国一致通过决议，支持共建“一带一路”等经济合作倡议，呼吁国际社会为“一带一路”建设提供安全保障环境。大家不约而同地意识到，合作才能共赢，只有大家紧紧团结在一起，互相补齐经济上的短板，求同存异，才能共同发展！

2.设施联通是优先方向

设施联通是共建“一带一路”的优先方向。设施的落后是制约国家间合作的重要因素，加强合作必须首先做好基础设施建设，要在尊重相关国家主权和安全的基础上，建设以铁路、公路、航运、航空、管道、空间综合信息网络等为核心的全方位、多层次、复合型基础设施网络，形成便捷的综合网络，减少交易成本，提高交易效率。近年来，各国之间的交流与合作日益密切：一方面，大家通力合作建立起了国际经济合作走廊和通道，将亚洲经济圈与欧洲经济圈联系在一起，形成良好的互通合作关系，为构建亚欧大市场奠定了坚实的基础；另一方面，各国纷纷斥巨资兴建基础设施，加快铁路、公路、港

① 参见推进“一带一路”建设工作领导小组办公室：《共建“一带一路”倡议：进展、贡献与展望》，新华网，2019 年 4 月 22 日。

口、航空、能源、通信设施的联通建设,解决基础设施建设这一发展中国家的瓶颈问题,促进发展中国家的发展迈上新台阶。

3.贸易畅通是重要内容

贸易畅通是共建“一带一路”的重要内容。共建“一带一路”促进了沿线国家和地区贸易便利水平和自由程度大大提升,贸易速率以及发展潜力得到了极大的释放,在交易中产生的阻碍急速减少,交易成本和营商成本大幅度降低,进一步加深了各国在贸易合作上的紧密程度,提升了共抗金融风险的能力。近年来,各国之间贸易与投资自由化、便利化水平和自由程度不断提升,中国与多个国家和地区签署或升级了自由贸易协定,贸易规模持续扩大。此外,随着科技的发展,各国之间的贸易往来逐渐现代化,跨境电子商务等新业态、新模式正成为推动贸易畅通的重要新生力量,在未来的贸易发展中必将占据越来越大的份额。

4.资金融通是重要支撑

资金融通是共建“一带一路”的重要支撑。“一带一路”沿线基础设施建设体量巨大,对于资金融通的需求难以满足。另外,产能合作潜力不断被发掘,融资缺口亟待弥补,资金如果跟不上去,任何建设都无法进行下去。近年来,在“一带一路”的倡议下,各国资金融通的步伐大大加快,出现了一些新型国际投融资模式,如充分发挥各国主权基金和投资基金的作用,不断推出各类创新金融产品,大大拓宽了共建“一带一路”的融资渠道。各国也都一致赞同将有限的资金用于相关国家和地区的实体经济发展,重点加大对基础设施互联互通、贸易投资、产能合作等领域的投入。此外,近些年来,各国金融机构的合作水平也在不断提升,政策性出口信用保险、商业银行等金融机构都充分利用自身的优势,在合作中发挥着越来越重要的作用。

5.民心相通是人文基础

民心相通是共建“一带一路”的人文基础。各国人民共同盼望着过上美好的生活,享受和平、富足,共同的期盼和梦想成为民心相通的基础,在公共外交和文化交流方面不断发展新的样式、拓宽新的领域,不断达成理解和认同,增进了各国的文化交流,为共建“一带一路”奠定了坚实的民意基础,成为“一带一路”的人文基础。近年来,中国与周边国家展开了多种形式的文化交流,互办艺术节、电影节、音乐节、文物展、图书展等各种文体活动;互相派驻留学生,学习别国的优秀传统文化。随着经济的互通有无,国家间的旅游合作也大大加快，游客人数大幅上升，各国民众得以互相体验别国风土人情、异域文化。此外，中国作为“一带一路”的倡议者，充分彰显大国情怀，救灾、援助与扶贫等各项工作持续推进，助力改善当地民众生活。

在这“五通”原则的指导下，“一带一路”周边沿线国家实现了广泛的产业合作，逐渐搭建起支持开展多元化投资，鼓励进行第三方市场合作，推动形成普惠发展、共享发展的产业链、供应链、服务链、价值链，为沿线国家加快发展提供新的动能。近年来，取得了很大进展，主要表现在：首先，中国对沿线国家的直接投资平稳增长。2018 年，中国企业对沿线国家实现非金融类直接投资 156 亿美元，同比增长 8.9%；沿线国家对外承包工程完成营业额 893 亿美元，占同期总额的 53%。其次，国际产能合作和第三方市场合作稳步推进。目前中国已同哈萨克斯坦、埃及、埃塞俄比亚、巴西等 40 多个国家签署了产能合作文件，同东盟、非盟、拉美和加勒比国家共同体等区域组织进行合作对接，开展机制化产能合作。最后，合作园区蓬勃发展。中国各类企业遵循市场化法治化原则，自主赴沿线国家共建合作园区，推动这些国家借鉴中国改革开放以来通过各类开发区、工业园区实现经济增长的经验和做法，促进当地经济发展，为沿线国家创造了新的税收源和就业渠道。①

（三）共建“一带一路”倡议为世界做出了中国贡献

共建“一带一路”倡议着眼于构建人类命运共同体，坚持共商共建共享原则，为推动全球治理体系变革和经济全球化做出了中国贡献。

1.共商已经成为全球共识

共商就是每一个参与到共建“一带一路”的国家都是平等的，在参与的过程中，各国充分协商、平等自愿、求同存异，在不违背主权的前提和原则下，通过充分的对话沟通来寻找发展上的相通点、合作上的共同点、利益上的交汇点。世界各国在各项国际事务中应当坐下来平等对话协商已经成为全球共识：2017 年 5 月，首届“一带一路”国际合作高峰论坛在北京成功召开，成为各参与国家和国际组织深化交往、增进互信、密切往来的重要平台。中国还充分利用二十国集团、亚太经合组织、上海合作组织等现有多边合作

① 参见推进“一带一路”建设工作领导小组办公室：《共建“一带一路”倡议：进展、贡献与展望》，新华网，2019 年 4 月 22 日。

机制，积极同各国开展实质性对接与合作。此外，为了加强合作与交流，中国与沿线国家还通过政党、议会、智库、民间组织、企业、媒体、高校等各种交往渠道展开形式多样的沟通和对话。

2.共同建设美好家园

共建就是各方都是平等的参与者、建设者和贡献者，也是责任和风险的共同担当者，各国共同搭建高效畅通的贸易和融资通道，建设必不可少的基础设施，奠定共同追梦的民心民意，打造多方合作的产业链条，共同打造世界人民幸福生活的美好家园：2016 年，由中国发起的亚洲基础设施投资银行开业，广泛支持相关国家的合作开发项目，为国际多边合作开发做出了巨大贡献；2017 年，中国建立“一带一路”PPP 工作机制，与联合国欧洲经济委员会签署合作谅解备忘录，广泛运用于“一带一路”建设合作项目。此外，中国还积极开展第三方市场合作，促进中国企业和各国企业优势互补，一批好的合作项目顺利落地，促进了各国经济的发展。

3.共享合作发展成果

共享就是兼顾合作方利益，寻找共同的利益契合点，将发展成果惠及沿线国家，走出一条合作共赢且让所有参与者都获得实实在在好处的共享道路，避免因恶意竞争而产生多方受损的现象，让所有的参与者、建设者和贡献者能够在这一平台获利：近年来，中国进口需求迅速扩大，对国际贸易繁荣做出了巨大贡献，大大拉动了对华出口的沿线国家经济增长；中国还充分发挥发展中大国的力量，大力支持亚洲、非洲、拉丁美洲等地区的广大发展中国家基础设施建设。此外，中国还把向沿线国家提供减贫脱困、农业、教育、卫生、环保等领域的民生援助纳入共建“一带一路”范畴，为改善相关国家的民生做出中国贡献。

共建“一带一路”顺应了人类追求美好未来的共同愿望，成为构建人类命运共同体的重要实践平台，超越了社会制度、文化差异、宗教信仰差异、尊重文化文明的多样性，坚持多元文化共存，强调处在不同发展水平上的国家可以通过贸易往来的方式达成优势互补、合作共赢的良好态势，共享发展的成果，各国在求同存异的理念和共同发展的前提下，着力于改善发展环境，创造发展机会，推动实现全球发展，全球联动和全球安全，从而实现全球治理和全球共享的发展理念，从而把沿线国家的前途和命运紧紧联系在一起。

当今世界正处于大发展、大变革、大调整时期，和平、发展、合作仍是时代潮流。展望未来,共建“一带一路”既面临诸多问题和挑战,更充满前所未有的机遇和发展前景。世界潮流浩浩荡荡,共建“一带一路”倡议顺应历史大潮,所体现的价值观和发展观符合全球构建人类命运共同体的内在要求,也符合沿线国家人民渴望共享发展机遇、创造美好生活的强烈愿望和热切期待。随着时间的推移,共建“一带一路”将进一步彰显出强大的生命力和创造力。①

综上所述,党的十八大以来,中国不仅以自身经济的稳健、可持续增长激发世界经济增长新动能,而且还不断努力,为实现各国联动发展注入新动力。当前,在与世界各国的交往中,中国大国形象焕发勃勃生机,正在向世界文明的发展传递中国价值。中国在国际上提出的和谐共生的秩序观、互利共赢的发展观,清晰地向世界展示了中国自身发展的价值追求,在全球得到了极大的认同,展现了中国作为世界性大国的良好形象。

① 参见推进“一带一路”建设工作领导小组办公室:《共建“一带一路”倡议:进展、贡献与展望》,新华网,2019年4月22日。

第五章　新时代踏上新征程

2017年，在党的十九大上，习近平总书记明确提出，中国进入了新时代，这是中国发展的新的历史方位，我们将在党中央的坚强领导下，领导中国人民踏上中国特色社会主义现代化建设事业的新征程。在这一新的伟大历史征程中，我们将和全国人民一起，确保我国各项事业取得明显进步，把我国建设成为美丽中国、健康中国。在这一伟大的历史时期，我们斗志昂扬，要在2010年全面建成小康社会的基础上，2035年基本实现社会主义现代化，2050年把我国建设成为富强、民主、文明、和谐、美丽的社会主义现代化强国，最终实现中华民族伟大复兴的美好梦想！

一、实施乡村振兴战略，促进农村经济大发展

农业、农村和农民问题是贯穿中国特色社会主义现代化建设过程的基本问题，也是我们进入新时代首先需要面对的问题。以习近平同志为核心的党中央高瞻远瞩，着眼党和国家发展的大局，在党的十九大报告中提出实施乡村振兴战略，深刻把握了城乡关系变化特征，顺应了亿万农民对美好生活的向往，体现了对“三农”工作的重视，是新时代做好“三农”工作的总抓手。为贯彻落实党的十九大、中央经济工作会议精神，打造产业兴旺、生态宜居、乡风文明、治理有效、生活富裕的新型社会主义乡村风貌，中共中央国务院编制了《乡村振兴战略规划(2018～2022年)》(以下简称《规划》)，对实施乡村振兴战略做出阶段性谋划，细化工作重点和政策措施，确保乡村振兴战略的重大工程、重大计划、重大行动在实施过程中能够畅通有效，成为指导各地区各部门分类有序推进乡村振兴的重要依据。

（一）农村发展进入新时代

党的十九大提出实施乡村振兴战略的重大历史任务，这是我国“三农”工作的里程碑事件，具有划时代的意义，必须认真总结农业农村发展的历史性成就和历史性变革，切实抓住历史机遇，以强烈的责任感、使命感、紧迫感，准确研判经济社会发展趋势和乡村演变发展态势，把乡村振兴战略实施好。

1.“三农”问题仍然是我国经济社会发展中的短板

当前，农业农村农民问题仍然是我国经济社会和现代化建设的薄弱环节，农村问题解决不好，就不能真正全面建成小康社会。农村发展的问题概括来讲主要有：第一，基础差，底子薄，发展滞后，一、二、三产业目前还不能达到良好的融合发展，农业供给质量和效益亟待提高，在某些阶段仍然存在农产品供过于求的供给矛盾；第二，受人才输出机制的限制，农村青年人才匮乏，导致经济发展的底气不足；第三，城乡基本公共服务和收入差距较大，基础设施落后，环境和生态问题突出，农村整体发展水平亟待提高；第四，农村的基层治理体系和治理能力不强，基础工作仍然是薄弱环节，金融改革在农村仍然任务繁重，脱贫攻坚任务依然艰巨等。

2.当前农村发展机遇与挑战并存

2018～2022 年，是实施乡村振兴战略的第一个五年，农村发展面临国际、国内极大的挑战：从国际环境看，全球经济复苏态势有望延续，我国统筹利用国内与国际两个市场、两种资源的空间将进一步拓展，同时国际农产品贸易不稳定性、不确定性仍然突出，加之美方挑起的贸易战对我国农产品出口也造成巨大障碍。因此，我国目前的紧迫任务是：提高我国农业竞争力，妥善应对国际市场风险，保障国家粮食安全。从国内形势看，我国经济发展已进入新常态，工业化、城镇化、信息化深入推进，乡村的发展也迎来了大变革、大转型的关键时期，经济发展速度已经由高速增长阶段转向高质量发展阶段。居民消费结构转型升级，加快推进农业由增产导向转向提质导向是满足居民需求更加高端化、多元化、个性化的必然要求。我国的基本国情是大量农民生活在农村，而且这一基本特点不会短期改变，但是我国城镇化已经进入发展速度和发展质量双向提升的阶段，城市有更大的能力来辐射带动农村，这就迫切需要重塑城乡关系。我国幅员辽阔，加之不同地理、气候、文化、风俗的影响，我国乡村差异显著，多样性分化的趋势仍将延续，村庄与城市出现了同样的发展困境，那就是村庄空心化和人口老龄化，所以充分发掘和拓展乡村的独特价值和多元功能以延续乡村文化血脉、完善乡村治理体系的任务仍然艰巨。

当然，当前我国实施乡村振兴战略也有良好的发展机遇，在政治保障、制度保障、物质基础、工作基础等方面具备较好的条件：在政治保障方面，有党中央、国务院的高度重视、坚强领导、科学决策，实施乡村振兴战略被写入党章，成为全党的共同意志。在制度保障方面，强农富农政策不断加大，农村土地集体所有制的双层经营体制不断完善，体现了社会主义集中力量办大事的巨大优势。在物质基础方面，我国自古以来就是农业大国，在长期的农业生产中积累了丰富的农业生产经验和农耕文化，我国劳动人民有强烈的寻根溯源的人文情怀和乡村情节，乡村振兴具有深厚文化土壤；中国共产党无论是在民主革命阶段还是社会主义革命和改革开发阶段都向农业农村提供了雄厚的物质支持，伴随着国家经济实力和综合国力日益增强，支持力度会不断加大，农村生产生活条件能加快改善，农民收入能持续增长。在工作基础方面，我国不断实现农业现代化，社会主义新农村建设取得历史性成就；劳动人民具有无穷的智慧，在生产实践中积累了丰富且成功的经验和做法。

（二）解决好“三农”问题是全党工作的重中之重

十九大报告指出，农业、农村、农民问题是关系国计民生的根本性问题，必须始终把解决好“三农”问题作为全党工作的重中之重。《规划》要求各地区、各部门在结合自身实际情况的前提下认真贯彻落实，确保乡村振兴战略的实施力度和效度。《规划》既提纲挈领又周到细致，对2018～2022年我国实现乡村振兴战略的构建格局、农业现代化步伐、美丽乡村建设、乡村文化打造、保障和改善民生、城乡融合发展政策体系等进行了详细部署。

1.构建乡村振兴的新格局

实施乡村振兴战略必须深刻结合区域实际，优化城乡布局和空间布局，所以《规划》指出：实施乡村振兴战略，要从乡村振兴和新型城镇化两方面着手，实施双轮驱动，突出特色优势、类别化，调整乡村生产生活生态空间，以达到统筹规划城乡国土空间开发的目的。第一，对城乡发展空间进行合理划分和区别，按照主体功能定位，在开发、保护和整治方面，对国土空间进行全面安排。第二，坚持人口、资源和环境的协调发展，经济、生态两手抓，两手都要硬，打造山清水秀的生态空间、宜居适度的生活空间和集约高效的生产空间。第三，根据我国乡村发展历史和村庄变革脉络，从发展现状、区位条件、资源禀赋等方面入手，按照生产集聚高效、城镇融合互补、文化特色保护、实际搬迁撤并的规划思路，分类推进乡村振兴和乡村发展。第四，明确实施乡村振兴战略的优先任务是打好精准脱贫攻坚战，确保到2020年我国现行标准下农村贫困人口实现脱贫，贫困县全部摘帽，解决区域性整体贫困问题等。

2.加快农业现代化步伐

农业发展是农村发展的前提和农民致富的保障，所以《规划》明确提出要坚持质量兴农、品牌强农，深化农业供给侧结构性改革，在产业体系、生产体系、经营体系上下工夫，推动现代农业发展的质量变革、效率变革、动力变革。第一，把中国人的饭碗牢牢端在自己手中，保障国家粮食安全和重要农产品有效供给，夯实农业生产能力基础，提高农业综合生产能力。第二，按照建设现代化经济体系的要求，加快农业转型升级和农业结构调整步伐，实现由农业大国向农业强国转变。第三，以现代农业为目标建立新型经营体系，在充分保障家庭经营基础性地位的前提下，构建多种经营方式共同发展的新型农业经营体系，为充分带动小农户的发展，应坚持发展壮大农村集体经济，在提高农业集约化、专业化、组织化、社会化水平上下工夫。第四，引领支撑农业转型升级和提质增效，加大农业发展科技投入，助推农业科技进步，深入实施创新驱动发展战略。第五，以提高农业竞争力为目标，优化提升农产品质量，在制度层面完善农业支持保护，强化绿色生态导向，创新完善政策工具和手段，加快建立新型农业支持保护政策体系。第六，做足农村一、二、三产业融合发展工作，把握城乡发展格局发生重要变化的机遇，力争在保证三大类产业同步升级、同步增值、同步受益的基础上推动农村产业深度融合。第七，落实生态系统的制度保护，大力实施乡村生态保护与修复重大工程，加强乡村生态保护与修复。

3.繁荣发展乡村文化

文化是“留得住乡愁”的前提和底蕴，乡村文化的有效传承和创新发展能够为区域乡村振兴战略实施提供精神保障。因此，《规划》指出：要充分坚持社会主义核心价值观的引领作用和传承发展中华优秀传统文化的核心地位，建立健全乡村公共文化服务体系，培育文明乡风、良好家风、淳朴民风，推动乡村文化振兴，建设邻里守望、诚信重礼、勤俭节约的文明乡村。第一，把农民的思想道德建设摆在突出位置。农民的落后在于思想落后，要引导农民树立科学的生产和生活态度，进而促进农村精神文明建设，从整体上提高乡村整体社会文明程度。第二，批判继承，大力发展，古为今用。立足乡村文明，挖掘乡村历史传承下来的优秀文化和精神，借鉴城市文明外来文化的优秀成果，做到明辨是非、批判继承、为我所用，在赋予优秀传统文化时代内涵的基础上实现创造性转化、创新性发展，不断提高农民的文化自信。第三，丰富乡村文化生活。打造健全的城乡公共文化服务体系，将优秀乡村文化产品做足做细，不断提高服务供给，活跃繁荣农村文化市场，为广大农民提供高质量的精神营养。

4.健全现代乡村治理体系

基础不牢，地动山摇。实施乡村振兴的前提是做好基层社会治理，实现社会治理能力和治理体系在基层的现代化，健全党委领导、政府负责、社会协同、公众参与、法治保障的现代乡村社会治理体系，综合调动各方优势力量，形成互补趋势，在此基础上推动乡村实现组织振兴，打造在基层党委领导下的充满活力、和谐有序的善治乡村。第一，充分发挥农村基层组织的责任意识。农村基层党组织对各类社会组织有着全面领导的责任，应主动发挥责任意识，使自身成为宣传党的主张、贯彻党的决定、领导基层治理、团结动员群众、推动改革发展的坚强战斗堡垒。第二，坚持德治和法治的有机结合。德治与法治历来是构成我国政治体系的优良传统，尤其在乡村，人际关系交错纵横，所以必须在坚持自治的基础上，强调德治为主、法治为本，做好广大村民的法律教育工作，逐步提高村民的法律意识，用德治滋养法治、涵养自治。第三，科学设置乡镇机构，妥善做好合并撤镇工作，以此实现基层政权的合理高效设置，科学高效服务，做好农村基层服务工作，让教育、医疗等更多老百姓期待的资源向农村倾斜，夯实乡村治理基础。

5.保障和改善农村民生

中国传统政治观历来重视改善和促进民生工作，习近平总书记指出："民生是最大的政治。"因此，《规划》指出：围绕农民群众最关心、最直接、最现实的利益问题，坚持人人尽责、人人享有的原则，从农村短板入手，重点突破民生领域的难题，加强保障，改善农民美好生活水平，让农民群众在干有所成、老有所养、幼有所依、病有所治的条件下享受更多实实在在的获得感、幸福感、安全感。第一，加大基础设施投入力度，加强农村基础设施建设，加快补齐农村基础设施短板，促进城乡基础设施互联互通，调动政府、企业、社会多方力量，推动农村基础设施提挡升级；第二，就业是最大的民生，要以提升农村劳动力就业质量、不断提升农村劳动者素质、拓展农民外出就业和就地就近就业空间为目标，实现更高质量、更多选择和更充分就业；第三，促进公共教育、医疗卫生、社会保障等资源更多地向农村倾斜，增加农村公共服务供给，逐步建立健全全民覆盖、普惠共享、城乡一体的基本公共服务体系，推进城乡基本公共服务均等化。

6.完善城乡融合发展政策体系

加强政策保障是确保乡村振兴战略稳步实施的制度保障。《规划》指出，要从城乡关系入手，注重发挥城乡融合发展的大趋势，充分调动农村内部发展活力，优化农村外部发展环境，促进人才、土地、资本等要素双向流动，为乡村振兴注入新动能。第一，推进户籍制度改革，全面实行居住证制度，加快农业转移人口市民化；第二，加强人才保障，利用资金、政策等条件吸引更多优秀年轻人才投入到农村的教育、医疗、经济等各类领域中，让各类人才在乡村大施所能、大展才华、大显身手；第三，健全多元投入保障机制，完善政府投资体制，充分激发社会投资的动力和活力，加快形成财政优先保障、社会积极参与的多元投入格局。

（三）只有建设美丽乡村，才能建成美丽中国

乡村景色优美，是一种天然的自然共生体；乡村民风淳朴，是一种天然的生命共生体；乡村绿色生产，是一种天然的经济共生体。在这个共同体内，既有城市的生产功能，又有超越城市系统的生态功能，更包含中国历史脉络的文化功能。以上这些功能是加强与城镇互促互进、共生共存的天然优势，乡村兴则国家兴，乡村衰则国家衰。自古以来的统治者都以民生和农业工作作为巩固自身统治的前提工作。党的十九大指出我国社会主要矛盾已经转化为人民对于美好生活的需要和不平衡、不充分的发展之间的矛盾，而这些矛盾最多地体现在乡村，我国仍将长期处于社会主义初级阶段，更主要的原因便是乡村发展不平衡、不充分。我国全面建成小康社会和全面建

设社会主义现代化强国，最艰巨、最繁重的任务在农村，最广泛、最深厚的基础在农村，最大的潜力和后劲也在农村。

1.新农村焕发新气象

自党的十八大以来，我国农业供给侧结构性改革取得新进展。2012～2017年，全国粮食总产量连续保持在1.2万亿斤以上，农业初步实现了生产结构优化，新兴产业、模式和业态初步实现了蓬勃发展，新农村焕发新的气象。第一，生态环境恶化问题得到初步遏制，农村生态系统得到恢复和发展，初步实现了绿水青山的环保目标；第二，农村改革事业不断取得新的成效，农业生产机械化水平不断提高，农业生产模式得到优化升级，农村土地制度不断完善，集体产权制度改革稳步推进，重要农产品收储制度改革取得实质性成效并继续向前发展；第三，农村创新创业和投资兴业蔚然成风，广大农民致富愿望迫切，农村发展新动能加快成长。

生产、生态、生活的全面改善促使城乡发展的联动性和互补性不断增强，大量农业转移人口通过惠农政策成为城镇居民，城乡居民收入差距不断缩小，农村的消费结构不断完善，消费水平不断提升，农民生活水平不断提高。数以万计第一书记深入乡村，实现精准扶贫，脱贫攻坚工作开创了新的局面，贫困地区的农民收入水平增速不断高于全国平均水平，农村基础设施建设不断完善，"厕所革命"、垃圾清理、干净能源使用等各项工作扎实推进，教育、医疗、文化等社会事业快速发展，农村正在以全面的面貌在新时代焕发新的社会气象。

2.乡村振兴，功在当代，利在千秋

实施乡村振兴战略，就目前来看是解决新时代我国社会主要矛盾的必然要求，从长远来看是实现"两个一百年"奋斗目标和中华民族伟大复兴中国梦的必然要求，具有重大现实意义和深远历史意义。第一，现代化经济体系的建设离不开乡村振兴战略。在整个国民经济大局和现代化经济体系中，农业是基础，我国目前正在逐步实现经济结构的升级和调整，要摒弃以往的高投入、高耗能的发展模式，那就必然要发挥农村经济的重要作用，从最基础的方面入手，实现乡村振兴、产业兴旺，为经济结构调整和国民经济结构转型提供坚强的物质保障。农业的升级改造和产业升级对于深化供给侧结构性改革发挥着不可替代的作用，从产业体系、生产体系、经营体系着手构建现代农业，实现农村一、二、三产业深度融合发展，有利于实现农业由增产导向型向增质导向型的深刻转化，为国民经济的创新力和竞争力提供坚强保证，为建设现代化经济体系奠定坚实基础。第二，美丽中国建设离不开乡村振兴战略。在整个国家发展大局中，农业是整个国民经济最基础的供给者，所以实现农业的绿色可持续发展，维护农村生态环境是重中之重，也是乡村最大的发展优势。实施乡村振兴战略，生态振兴是基础，乡村生态中包含山、水、林、田、湖、草等各类生态体系，实现这些生态体系的系统治理，加快助推乡村绿色发展方式，加强农村人居环境整治，有利于构建人与自然和谐共生的乡村发展新格局，实现百姓富、生态美的统一。第三，传承中华优秀传统文化离不开乡村振兴。中国自古以来就是一个农业大国，重农抑商的社会环境下孕育了底蕴深厚的农耕文明，产生了包含乡愁的乡村文化。在实施乡村振兴战略中，乡风文明是打造乡村文化的基本载体，农耕文明在历史发展过程中诞生了优秀的思想观念、人文精神和道德规范，深入挖掘农耕文明的历史脉络，实现创造性转化以及创新性结合时代精神，有利于在新时代焕发出乡风文明的新气象，进一步丰富和传承中华优秀传统文化。第四，推动现代社会治理体系改革离不开乡村振兴。社会治理好不好，人民满意不满意，关键就在于能不能优化基层乡村社会治理体系。党的十九大报告指出，要实现社会治理能力和治理体系现代化，体现在乡村振兴方面，就是要加强农村基层治理，健全乡村治理体系，打造老有所养、幼有所育、病有所医、社会安定的乡村大同，以此实现广大农民的安居乐业梦想，实现打造共建共治共享的现代治理格局梦想，实现国家治理体系和治理能力现代化。第五，实现全体人民共同富裕的社会主义初级阶段目标离不开乡村振兴。农业是国民经济的最基础保障，农民是我们党夺取新民主主义革命胜利、建设社会主义和推动改革开放的坚定支持者和无私奉献者，要想提高亿万农民的获得感、幸福感、安全感，必须实现农业强、农村美、农民富的小康社会格局。乡村振兴，农民增收是关键。实施乡村振兴战略，要从扩展农民增收渠道、改善农村生产生活条件、实现社会公平正义、创造农民福祉着手，使广大农民共同走上富裕之路，汇聚起建设社会主义现代化强国的磅礴力量。

乡村振兴战略是新时代中国共产党的一项重大战略任务，也是全面建成小康社会的关键所在，只有广大农民都富裕起来，中国全体人民共同富裕的目标才能实现，中国特色社会主义现代化事业的伟大目标才能实现。

二、推进国家监察体制改革，夺取反腐败斗争压倒性胜利

中国共产党是以全心全意为人民服务为宗旨的马克思主义政党，是带领人民夺取革命胜利和实现社会主义现代化建设成功的执政党。随着改革开放的深入发展，中国的腐败呈现出高发的态势。党的十八大以来，我们一方面加强作风建设，彻底净化党内政治生态；另一方面大力反腐，将腐败行为暴露在阳光之下，成效显著，赢得了广大民众的一致认同。但我们也要看到，当前反腐斗争的形势依然严峻，为适应国家治理现代化和全面依法治国的现实需要，必须推动国家监察体制改革，夺取反腐败斗争的压倒性胜利。

（一）新时代的吁求

由于公职人员代表国家行使具有权威性、强制性的公共权力，对公职人员的监督一直是各国政府颇为头痛的事情。形势决定任务，我国腐败的严峻形势表明，我国现有的监督体系存在一定的不足，已经不能适应新时代国家治理现代化的要求，迫切需要推进监察体制改革，建立适应中国特色社会主义新时代发展要求的集中统一、权威高效的国家监察体系，实现对所有行使公共权力公职人员的监察监督。

1.全面从严治党的内在要求

国家监察是对行使公权力的公职人员最直接、最有效的监督，本质上属于党和国家的自我监督。深化国家监察体制改革是从我国国情出发强化对权力监督制约的重大制度创新，这是事关全局的政治体制改革，也是深入调整我国政治体制、政治权力、政治关系的重大举措，是全面从严治党的内在要求。党的十八大以来，我们重拳出击，反腐工作取得巨大成绩，但当前我国“不敢腐、不能腐、不想腐”防线还没有形成，反腐还有很长的路要走。推进监察体制改革，把权力关进制度的笼子里，将权力置于严格的监督之下，才能实现政治清明、国家长治久安，才是真正意义上的全面从严治党。为此，我们不仅出台了《关于新形势下党内政治生活的若干准则》和《中国共产党党内监督条例》，还提出要深化国家监察体制改革，组建国家、省、市、县监察委员会，实现监察全覆盖，加强党对反腐败工作的统一领导，推动全面从严治党向纵深发展。

2.全面依法治国的客观要求

奉法者强则国强，奉法者弱则国弱，党的十八届四中全会提出全面依法治国的新要求。经过多年发展，当前我国完备的法律规范体系已经形成，但法治实施体系、监督体系、保障体系、党内法规体系还存在不同程度的欠缺，尤其是监督体系中监察力量十分分散，政府内部有行政监察和审计，外部有人大监督、司法监督、社会监督等形式，检察院有专门的反贪污、反渎职、预防职务犯罪等力量，各股力量各自为战，不能快捷、有效地发挥作用，不能有效监督国家公职人员的工作，无法确保国家公职人员按照法律规范约束自己的行为，还存在私存线索、以案谋私等“灯下黑”的执法违法、执纪违纪行为，也就无法实现全面依法治国的目标。大力推进监察体制改革，可以有效聚合分散的各股监察力量，构建权威高效的监察体制，为形成严密的法治监督体系打下坚实的基础，进一步完善法律规范体系，加快全面依法治国的步伐。

(二)翻开了党和国家反腐工作的新篇章

实行监察体制改革是时代发展的要求，是我国制度反腐的应有之义，也是推进依法治国的必经之路，表明我国反腐工作迈出了更加坚实的一步，翻开了党和国家反腐工作的新篇章。

1.整合监察资源，形成监督合力

我国现行的监察制度主要是行政监察，很多行政机关都有监察权力。在实际监督运行过程中，检察机关的监察侧重于贪污贿赂、失职渎职等职务犯罪的查处，人大对于行政机关、检察机关、审判机关都享有监督权，各机关往往都是从各自角度出发，各自为政，存在职能交叉重叠、组织协调困难、办案周期较长和成本较高等各种问题；对腐败问题的查处也是纪检机关和检察机关二元分立的格局，无法实现监督合力，资源做不到充分的共享，也无法达到良好的监督效果。此外，行使监督权力的行政机关还往往游离于监督体系之外，不能对自身形成良好的监督。

监察体制改革提出要成立统一的监察委员会，组建国家、省、市、县监察委员会，整合纪委、行政监察、预防腐败局以及检察院的相关职能，成为一个集中、高效、权威、统一的监督机关，统一行使反腐败职权，将反腐败力量“拧成一股绳”，拥有监督、调查、处置三项职权和处置职责，调查涉嫌贪污可以采取“谈话、讯问、询问、查询、冻结、调取、查封、扣押、搜查、勘验检查、鉴定、留置”等12项措施，这必将进一步加强党对反腐败工作的集中统一领导，推动反腐败工作不断深入，形成监督合力，增强监督实效，把所有公权力真正关进制度的笼子里，确保党和人民赋予的权力真正用来为人民谋利益，不断厚植党的执政基础。

2.强化监察权力，实现监察独立

我国监察体制由来已久，在漫长的封建社会里一直存在。在封建社会的监察名义上是监察百官，实际上是为皇权服务，是统治阶级维护统治的一种手段，受制于皇权，无法拥有独立的权威。中华人民共和国成立以后，我们逐渐建立完善了监察制度，但现行监察制度主要是行政监察，隶属于国务院和地方政府职权，监察机构内设于行政机关，并对本级政府和上一级监察机构负责；监察对象是行政工作人员，但监察人员本身就是行政工作人员，即监督者又是被监督者，这就无法保证其独立性，也不能充分发挥出监督的重要作用。

监察委员会这一专门机构的设立使监察权平行于审判权和司法权，改“一府两院”为“一府一委两院”，确保了监察工作的独立性，可以充分发挥监察的重要作用。建立独立的监察委员会，还将我国政体从原先的立法、行政、司法“三位一体”的格局转变为立法、监察、行政、司法“四位一体”的政体模式，优化了国家政治权力的配置，完善了权力监督体系，把政治权力真正关进了制度的笼子里，实现了监察独立，必将树立国家监察权威。

3.强化全民参与，构建人民“天网”

当前我国监督体制的监督主体和监督对象主要都是行政机关的公职人员，缺乏社会组织和广大普通民众的积极参与，不可避免地会出现监督“死角”，一些腐败行为甚至成为权力机关约定俗成的内部规则，广大民众在不了解的情况下有时不可避免地会产生误解。在科技和通信设施日益发达的今天，我们应当充分发挥我国庞大的人口优势，充分利用现代化的科技手段，构建人民“天网”，使全体民众都能积极参与到监督体系中来，实现监察委员会与社会组织和公民的有效互动，形成全方位、无死角的社会监督体系，使信访举报成为纪检监察机关获取线索的重要来源，使媒体成为各种腐败行为无所遁形的“照妖镜”，使各级领导干部的行为都处在广大民众的监督之下，让权力真正在阳光下运行，实现全民反腐。

国家监察体制改革是当代中国监督制度的顶层设计，是适应新时期反腐败的需要，为解决现行监督体系中监督资源分散、监督职能交叉、监督权威不足等问题进行的事关全局的一项重大政治体制改革，是保障国家制度体系有序运转、推进国家治理能力与治理体系现代化的重大战略部署，是推动反腐败斗争向纵深发展的重要举措，是实现反腐败斗争“巩固压倒性态势，夺取压倒性胜利”战略目标的关键一招。

三、关注环境问题，建设绿水青山的美好家园

文明的兴衰与生态环境息息相关，生态兴则文明兴，生态亡则文明亡，生态环境发展走向对文明兴衰的演替有着极其重要的影响。纵观历史，生态环境与时代文明息息相关。古埃及、古巴比伦、古印度和古中国这四大文明古国的发源地都分布在土地肥沃、水量充足的河流平原地区。而生态环境的衰退尤其是严重的土地荒漠化最终导致古埃及、古巴比伦两大文明走向衰落。诸如此类的现象在我国古代一些地区也有发生，像河西走廊、黄土高原这些地方都曾经水丰草茂、沃野千里，但是由于毁林开荒、乱砍滥伐，最终致使整个生态环境被严重破坏，加剧了该地区文明的衰落。改革开放后中国社会经济飞速发展，中国综合国力显著增强，但是由于社会发展的历史局限性，中国在经济迅猛发展的同时忽视了对生态环境的治理和保护，使生态环境遭到严重破坏，工业发展带来的乱砍滥伐问题、水污染和空气污染问题更是严重制约着当今社会的进一步发展，我们正在一步步为我们的错误行为付出代价。

（一）绿水青山就是金山银山

生态环境是人类社会的生存和发展的基础，是社会、经济发展的基石，生态环境质量作为人类生活质量的重要组成部分，必须与经济增长相适应。一个国家只有保护好生态环境，才能真正地实现可持续发展，所以保护生态环境是我国现代化建设过程中必须始终长期坚持的一项基本方针。当今中国资源紧缺，环境污染严重。从总体上看，生态文明建设水平仍然滞后于社会和经济的发展，已经成为一个刻不容缓的问题，发展与人口资源环境之间的矛盾已成为经济社会可持续发展的重大瓶颈制约。面对今天如此严峻的环境问题，必须大力治理，开展集中性、大规模、常态化的恢复植被、植树种

草项目以治理水土流失、防治土地荒漠化，同时要大力建设生态农业，科学有效地建设祖国秀丽山川。

1.生态环境关乎民族复兴大业

当今世界生态系统破坏严重的现象越演越烈，资源的过度消耗和整体的不足也已经到了极其严重的地步。在这样的历史大背景下，只有树立尊重自然、顺应自然、保护自然的生态文明理念，才能建设美丽中国，才能在如今的世界时代大潮流中实现中华民族的永续发展，才能真正地实现中华民族的伟大复兴。

而要做到建设美丽中国，首先必须坚持节约资源和保护环境的基本国策，着力推进低碳发展、绿色发展和循环发展，形成保护环境和资源节约空间格局、产业结构、生产方式和生活方式，从源头上彻底扭转生态环境进一步恶化的趋势，为人民群众创造良好且舒适的生产生活环境，并为全球生态安全做出应有的贡献。

2013 年 11 月 19 日，党的十八届三中全会着重强调制度建设对生态文明建设和生态环境保护的极端重要性。会议提出要建设生态文明，就必须着手建立完整的生态文明制度体系，用制度保护生态环境，这标志着党对生态文明建设的认识进一步加深并开始着手深入、全面地解决生态环境建设问题。2015 年 5 月 5 日，《中共中央国务院关于加快推进生态文明建设的意见》发布，对生态文明建设与中国特色社会主义事业和中华民族伟大复兴的关系做了说明，进一步指明了生态环境对人民福祉和民族未来的极端重要性，这体现了党中央、国务院对生态文明建设的高度重视。在此之后，中央出台了一系列相关政策，有力地推动了我国生态文明的建设。

2.保护生态环境才能更好地促进经济发展

进一步加快推进生态文明建设是提高发展质量和效益的内在要求，也是坚持以人为本、科学发展观的必然选择，科学环保地加快转变经济发展方式是全面建成小康社会、实现中华民族伟大复兴的时代抉择，也是国家积极应对当今气候环境变化、维护全球生态的重要举措。只有充分认识到加快推进生态文明建设的极端重要性和紧迫性，才能够切实增强责任感和使命感，牢牢树立起尊重自然、顺应自然、保护自然的理念。

我们的发展是永续发展，不是牺牲子孙后代利益的暂时的发展，所以必须关注生态环境的保护，要动员全党全社会的积极参与，能够更加深入、更加持久地推进生态文明建设，最终形成人与自然和谐发展的现代化建设新格局，进而开创社会主义生态文明的新时代。

2015 年 10 月，党的十八届五中全会召开，“加强生态文明建设”首度被写入国家五年规划，鲜明提出了“创新、协调、绿色、开放、共享”的发展理念。2017 年 10 月 18 日，在党的十九大报告中，习近平总书记指出，人与自然是生命共同体，人类必须尊重自然、顺应自然、保护自然，生态文明建设的本质就是满足人民日益增长的美好生态环境的需要，功在当代，利在千秋。2018 年 3 月 11 日，第十三届全国人民代表大会第一次会议通过《宪法修正案》，“生态文明”被正式写入《宪法》，这是党的主张、国家意志、人民意愿高度统一的体现，标志着生态文明建设的问题已经上升到国家根本大法的高度。

（三）生态环境建设是一项系统工程

生态环境的建设问题不能单一地理解为恢复植被、增大绿化面积等表层现象，应当通过生态环境建设的理论研究、保护生态环境的教育和宣传、制定保护生态环境的法规制度、对现有良好生态环境的保护、对被破坏生态环境的恢复和资源的合理使用以及生产生活垃圾的无害处理和回收利用等一系列深层次、多方面的方式进行生态环境建设。

1.调整生产和消费相关观念和结构

发展要真正实现绿色发展和谐发展，其关键在于调整生产和消费的观念和结构，努力把生产和消费引导至绿色、高效、低污染的方向，具体的行为措施是做到以政策和市场为导向，逐步建立起环保低碳的循环绿色发展经济体系和创新技术体系，大力发展绿色产业，在金融杠杆上向绿色高新产业倾斜以促进绿色节能型产业、低碳循环型产业和低污染型新能源产业的发展，从而带动整个能源和市场体系朝着绿色环保的方向发展，最终做到推进资源全面节约和循环利用。同时要加强对国民生活生产观念的改造，在生活生产中做到节约粮食、保护水资源、节约用电、减少使用一次性不可再生的物品，实现生产系统和生活系统在观念上的科学改造等。在具体落实方面，要极力弘扬和倡导简约适度、绿色低碳的生活方式，树立浪费可耻、艰苦奋斗的生活价值观，拒绝不合理消费，着重在机关单位、学校和基层社区等地开展节约环保型的生活方式教育和推广。

2.优先治理当前社会的突出环境问题

与实现人与自然和谐相处的长远目标相比，目前最迫切的是对群众十分关切的、当前社会十分突出的环境问题的优先治理。而目前环境突出问题的解决，应当着重在空气、水源、土壤这三类与国民生产生活息息相关的方面进行综合治理。在具体的执行上，要科学地认识到源头治理是一切治理之本，必须坚持源头治理的第一原则，在大气污染防治过程中坚持治理和防治相结合，逐步减少环境污染企业，加强对环保生产的指导与扶持，既要高效生产，又要蓝天白云；在水污染防治的治理上，要实施流域环境和近岸海域综合治理，科学地划分区域，根据具体的周边自然环境特点和居民生活环境实行相应的计划，着重加强对水污染企业的排查，加强科学的污水处理，强调节约水资源和治理水资源污染并举；在土壤污染的治理上，一方面要对已经污染的土地进行治理和修复，另一方面要对农业生产的化学污染和不科学生产进行纠正和指导，二者双管齐下，既做到土壤的源头防治和科学治理，又要提高农业产量，进一步推进农业科学的发展，加大在农业科学研究方面的投入。

3.加大生态系统保护力度

保护自然就是保护人类，建设生态文明就是造福人类。保护生态，要建立生态系统保护制度，推动生态文明体制建设，进一步深化改革，加强生态文明制度化、法治化的建设。对生态环境进行保护最重要的是加强对生态环境的恢复工作，首先要做到的就是必须完成生态保护红线、永久基本农田、城镇开发边界这三条控制线的具体划定工作，树立绿色环保、科学恢复的基本原则，加大现有森林湿地环境的保护力度，严惩破坏生态的行为，以科学为支撑，以严格的制度为保障，健全耕地、草原、森林、河流、湖泊休养生息制度，促进生态系统多元化的恢复与发展。其次，要改革生态环境监管体制，根据生态保护的具体需要来设置与其相适应的机构，既要有严格的管理保护机构，又要有高科学素质环境保护机构，以保护机构为主题，以监管机构为保障，根据生态环境的相应发展进一步完善环境治理保护的国家机构，构建国土空间开发保护制度，完善主体功能区配套政策，建立以国家公园为主体的自然保护地体系。

历史经验告诉我们，在生态保护的发展过程中，只讲索取不讲投入、只讲发展不讲保护、只讲利用不讲修复的行为是不可取的。必须以遵循自然规律为基本准则,只有科学地开发利用自然资源才能促进人与自然的和谐发展,要明白人类对大自然的破坏其本质上就是对人类自身的伤害,这是无法抗拒的规律。

四、以人民为中心,决胜全面建成小康社会

"小康"是我国人民几千年孜孜以求的美好生活,其本意是中国古代思想家设想的一种美好的社会理想,这一理想社会的主要特征就是普通平民百姓能够过上富足殷实、安居乐业的生活。但是因为我国古代生产力低下,所以小康社会一直只是存在于几千年来中华百姓的梦想以及文人墨客的文作之中,新时代中国共产党领导中国人民将这一梦想变成了现实。

(一)没有全民小康,就没有全面小康

习近平总书记多次提到"没有全民小康,就没有全面小康",小康是广大人民群众的小康。当今社会处于全面建成小康社会的前夕,更要把民生问题看得无比重要。要深刻明白实现全面建成小康社会目标的最关键问题集中在民生领域,所以必须切实解决好民生问题,要打好全面小康前夕的全民脱贫攻坚战,进一步改善民生和社会保障,不断提高人民生活水平,要在人民生活中更加注重公平与法制的建设,从而实现 2020 年全体人民能够共同迈入全面小康社会。

1.实现小康是共产党人一直不懈追求的目标

中华人民共和国成立之前,备受压迫、奴役、欺凌的劳苦大众祈求的只能是解决生计的温饱生活。中华人民共和国成立之后,勤劳勇敢、自强不息的中国人民获得了实现小康生活的现实基础。1979 年 12 月 6 日,邓小平在会见日本首相大平正芳时说:"我们的四个现代化的概念,不是像你们那样的现代化的概念,而是'小康之家'。"而这次提出"小康之家",既是点出了中国特色社会主义社会的前进方向,也表现了中国共产党人心系家国人民的历史情怀。

20 世纪 80 年代初,小康社会成为中国共产党带领中国人民跨世纪的奋斗目标。在党的十六大、十七大确立全面建设小康社会目标的基础上,党的十八大提出:"确保到 2020 年全面建成小康社会。"党的十九大明确提出:"决胜全面建成小康社会,开启全面建设社会主义现代化国家新征程。"全面

建成小康社会，是我们党向人民、向历史做出的庄严承诺，是实现中华民族伟大复兴“中国梦”的重要里程碑。

习近平总书记指出，不忘初心，方得始终。中国共产党人的初心和使命，就是为中国人民谋幸福、为中华民族谋复兴，就是将人民群众的根本利益放在心里，这个初心和使命是激励中国共产党人不断前进的根本动力。中国共产党从成立之时起，最高的理想和追求就是实现共产主义社会，而全面建成小康社会又是实现共产主义社会的必然环节。

2.小康不小康，关键看老乡

全面小康是城乡区域共同发展的小康，从区域发展理念来看全面建成小康社会着重要解决的是农村地区和欠发达地区。农村和欠发达地区不能实现全面小康，就不可能实现社会主义的全面小康，因而要加大统筹城乡发展，推进城乡发展一体化，缩小城乡区域间的发展差距，使城乡之间经济总量和发展速度的差距更小，居民的家庭收入水平、可消费能力更平均，交通水源等基本生活需要更平衡，医疗教育等基本公共服务更公平。

当然，全面建成小康社会并不是指全体国民过上完全均等的生活，要明白我国国土辽阔且各地区之间的发展水平和发展方式有着较大的不同，尤其是在生产力发展水平方面各地方是多层次的，这就决定了全面建成小康社会不可能是“同一时间、同一水平小康”，完全消除地区之间的发展差距是不符合实际的，因而要具体问题具体分析，即全面建成小康社会既要坚持一定标准，又要防止好高骛远；既要考虑到 2020 年这个时间节点，又要立足于打基础、谋长远、见成效。

（二）新时代必须全面建成小康社会

中国共产党团结带领全国各族人民决胜全面建成小康社会，奋力夺取新时代中国特色社会主义伟大胜利，是党的理想追求和人民利益相统一的必然结果。

1.建成小康社会是人民群众当前的迫切需要

在党的十九大上，以习近平同志为核心的党中央明确提出，经过长期努力，中国特色社会主义进入了一个新时代，这是我国发展新的历史方位。对于我国社会主义进入新时代的最主要判断依据是我国社会主要矛盾已经转化为人民日益增长的美好生活需要和不平衡、不充分的发展之间的矛盾。

我国稳定解决了十几亿人的温饱问题，总体上实现了小康，不久将全面建成小康社会，人民美好生活需要日益广泛，不仅对物质文化生活提出了更高要求，而且在民主、法治、公平、正义、安全、环境等方面的要求日益增长。同时，我国社会生产力水平总体上显著提高，社会生产能力在很多方面进入世界前列，更加突出的问题是发展不平衡、不充分，这已经成为满足人民日益增长的美好生活需要的主要制约因素。因此，全面建成小康就成为广大民众的迫切需要。

2.建成小康社会是新时代发展的内在要求

将全面小康的建成时间定在2020年是党对当今时代科学的判断，这个判断是通过对我国所处的历史方位、我国生产力的发展程度以及我国社会的主要矛盾等多个方面的考量而得出的答案。当前，改革开放40年的发展使得我国社会生产力水平总体上赶上世界发达国家的水平，具体体现在国民生产总值的总量位居世界第二，已经达到超级大国美国的60%，科技水平和社会生产能力在多方面进入世界的第一序列，我国生产力总体水平落后、科技水平落后于世界、国民生活物品的供给不足的状况已经发生根本性变化，所以“落后的社会生产”这一判断已经失去了它的时效性，我们需要新的奋斗目标，全面建成小康已成为时代发展的新要求。

（三）实现党的庄严承诺

到2020年全面建成小康社会，实现第一个百年奋斗目标，是我们党向人民、向历史做出的庄严承诺。因此，习近平总书记在讲话中强调，要按照全面建成小康社会各项要求，突出抓重点、补短板、强弱项，特别要坚决打好防范化解重大风险、精准脱贫、污染防治的攻坚战，坚定不移地深化供给侧结构性改革，推动经济社会持续健康发展，这是全面贯彻落实以人民为中心的发展思想的重要举措。全面建成小康社会是以人民是否认可为评判标准的，而不是其他评判标准。这就要求我们在充分推动全面小康社会建设的过程中，时刻谨记人民认可不认可、拥护不拥护、赞成不赞成、高兴不高兴、答应不答应是我们一切工作的评判标准，努力使小康社会建设真正与人民群众的期望相一致，经得起人民和历史的检验。

1.坚持“以人民为中心”

“以人民为中心”是中国共产党人谋事创业的根本标尺，要把人民的拥护和支持作为衡量一切工作得失的根本标准。一方面，中国共产党必须始终坚持“以人民为中心”来观察、分析与思考一切，要把“人民”作为政策设计与制度架构的出发点与落脚点。当前，我国社会主要矛盾已经转化为人民日益增长的美好生活需要和不平衡、不充分的发展之间的矛盾，这就说明我们所谋求的经济富裕、政治民主、文化繁荣、社会公平、生态良好归根到底都是为了人民群众的美好生活。另一方面，中国共产党始终把人民群众作为实现中华民族伟大复兴的主体力量，相信人民、尊重人民、依靠人民，集中民智、珍惜民力，尊重人民群众的首创精神，深深扎根于人民群众，使党和国家的理论与制度创新获得永不枯竭的源泉，始终把人民群众的安危冷暖放在第一位，把群众呼声作为第一信号，哪里有群众的需求，工作的着力点就在哪里，向群众聚焦，为群众出力，把群众最关心、最直接、最现实的利益问题落实好，真正使改革发展成果更多、更公平地惠及全体人民。

2.坚持贯彻落实党中央的各项要求

如今，全面建成小康社会进入决胜阶段。决胜阶段最为关键，冲锋时刻愈显奋勇，现在我们到了一鼓作气向终点线冲刺的历史时刻。完成这一战略任务，是我们的历史责任，也是我们的最大光荣。决胜全面建成小康社会，要始终围绕全面小康的目标要求，紧扣社会主要矛盾变化，确保决胜全面建成小康社会完美收官。

全面建设小康社会必须坚决贯彻落实党中央的各项要求，统筹推进“五位一体”总体布局。随着中国经济发展步入多元复合转型的重要战略机遇期，提质增效、转型升级的要求更加紧迫，经济社会面临诸多矛盾叠加、风险隐患加剧，面临“中等收入陷阱”的风险和挑战。同时，国际金融危机冲击和深层次影响在相当长的时间内依然存在，世界经济在深度调整中曲折复苏、增长乏力，中美贸易摩擦给我们提出的很多新问题需要破解，外部环境不稳定、不确定因素明显增多，我国发展面临的风险挑战加大。着力解决这些问题，必须按照“五位一体”总体布局的要求，统筹推进经济建设、政治建设、文化建设、社会建设、生态文明建设。

决胜全面建成小康社会是中国特色社会主义进入新时代的重大历史任务，是中华民族伟大复兴进程中的重要里程碑。2020 年是全面建成小康社会的决胜期，它的如期顺利完成，必将进一步激发和汇聚实现中华民族伟大复兴的磅礴力量，必将为全面建设社会主义现代化国家新征程打下良好的基础，必将为到新中国成立一百年时把我国建设成为社会主义现代化强国提供强有力的保障。

五、十九届四中全会，党和国家发展新的里程碑

以中华人民共和国成立 70 周年为标志，以改革开放 40 周年为坐标，以党的十九大和习近平新时代中国特色社会主义思想为里程碑，中华民族的发展迎来了新的起点，中国特色社会主义进入了不断发展和完善的快车道。在这一关键历史时刻，中国共产党第十九届中央委员会第四次全体会议于 2019 年 10 月 28 日至 31 日在北京召开。全会审议通过了《中共中央关于坚持和完善中国特色社会主义制度、推进国家治理体系和治理能力现代化若干重大问题的决定》，提出了实现国家治理能力和治理体系现代化的奋斗目标，这是我们站在“两个一百年”的历史交汇点上，指导我们奋力夺取全面建成小康社会伟大胜利、建设社会主义现代化强国的政治宣言和行动纲领。这次会议又是一次里程碑式的重要会议，将为实现国家的长治久安发挥重要作用。

（一）中国特色社会主义制度具有无可比拟的优势

制度是立国安邦之根本，在社会变革和社会发展中，制度问题是带有根本性、全局性、稳定性、长期性的问题，所谓“小智治事，中智治人，大智治制”。习近平总书记指出：“治理一个国家、一个社会，关键是要立规矩、讲规矩、守规矩。”[①]中国特色社会主义制度植根于中国大地，适应时代发展潮流，具有深厚文化根基，深得人民拥护，是中国共产党领导中国人民在长期的改革实践中逐渐形成和完善起来的制度，是将马克思主义基本原理同中国实际相结合的包括根本制度、基本制度、重要制度在内的中国特色社会主义制度体系，是中国人民的伟大实践和伟大创举，符合中国实际，拥有其他制度无法比拟的优势和强大的生命力，我们应当拥有充分的自信。中华人民共和国成立以来，尤其是改革开放以来，我们所取得的令世人惊叹的经济快速发展和社会长期稳定两大“中国奇迹”就是这一制度充分发挥优势的明证！

---

① 习近平：《论坚持全面深化改革》，中央文献出版社 2018 年版，第 414 页。

1.党的领导是社会主义制度的最大优势

打铁必须自身硬，办好中国的事情关键在党，关键在坚持党要管党、全面从严治党。[①] 党的十九大报告指出："中国特色社会主义最本质的特征是中国共产党领导，中国特色社会主义制度的最大优势是中国共产党领导，党是最高政治领导力量。"党政军民学、东西南北中，党是领导一切的，中国能够创造出中国奇迹，归根结底是靠党的领导，依靠党的领导制度体系，确保党总揽全局、协调各方，把党的领导落实到国家治理各领域、各方面、各环节。

在党和国家治理体系的大棋局中，党中央是坐镇中军帐的帅，车马炮各展其长，一盘棋大局分明。[②] 我们的全部事业都建立在党的坚强领导基础上，都根植于这个最本质特征和最大制度优势。全面深化改革需要触动更深层次的利益，通过发展不断提高整个国家治理体系和治理能力的现代化，"牵一发而动全身"，在这个过程中我们党处在一个核心和总揽全局的地位，必须要发挥党的全面领导作用，特别是要加强党中央的集中统一领导，由中央统一挂帅，各省、市、县统一行动，全面发力，加快推进各项改革措施的落实，促进社会主义现代化建设事业的新发展！

2.具有全方位的显著优势

中国特色社会主义制度是党和人民在长期的探索和实践中形成的、并被70多年的实践证明了的科学制度体系，是中国共产党领导中国人民付出了艰辛的努力，历经千辛万苦、付出各种代价后得到的宝贵成果。在这一过程中，我们在中国特色社会主义理论指导下，开创性地建立了人民代表大会制度、政治协商制度、民族区域自治制度等政治制度，建立了中国特色社会主义市场经济体制和分配制度，完善了一系列保障和改善民生的社会制度，得到了广大民众的一致认同和衷心拥护。

中华人民共和国成立以来，尤其是改革开放以来，中国共产党领导中国人民取得了社会主义建设的伟大奇迹，充分证明了这一制度是在中国行得通的好制度。如今，经过70年的发展和完善，中国特色社会主义制度不是在某一方面，而是覆盖了今天党和国家事业的全局，呈现出全方位的显著优

---

① 参见《中共中央关于深化党和国家机构改革的决定》，人民出版社2018年版，第9页。

② 参见《强起来：新时代中国共产党人的历史使命》，人民出版社2018年版，第70页。

势，这些显著优势不是一朝一夕之间形成的，是在70年的实践中一点一滴积淀下来的，经过了岁月的洗礼。关于这些显著优势，十九届四中全会从13个方面进行了具体论述，覆盖范围涉及经济、政治、文化、社会、生态文明和党的建设等多个方面，全面反映了我们党治国理政的成功经验，揭示了我们取得中国奇迹背后的制度优势，系统回答了中国特色社会主义“为什么能”这一重大理论和实践问题，为我们坚定制度自信提供了基本依据。

党的十九届四中全会还系统回答了继续坚持中国特色社会主义制度的原因，梳理了继续坚持中国特色社会主义制度的历史脉络，那就是要使中国特色社会主义制度成为在推进国家治理体系和治理能力现代化过程中的中流砥柱，将我们的制度优势全面转化为治理效能，推动中国社会主义现代化建设事业迈上一个新台阶。全会就我们要坚持和巩固什么、完善和发展什么等重大政治问题做出重大判断，令人深思、令人振奋！

（二）新时代继续前进的必然选择

党的十八大以来，中国特色社会主义现代化建设进入一个新的历史阶段，这是一个不断创造新的辉煌的新时代，也是一个需要面临各种风险和挑战的新时代，当今中国正在经历百年未有之大变局，中国正日益走进世界舞台的中央，加强顶层设计，系统推进制度建设已经迫在眉睫，必须抓好制度这一解决各种问题和困难的根本之道。

中国特色社会主义制度是总设计、总目标，而国家治理体系是实现这一设计和目标的具体方式。中国特色社会主义制度虽然具有无比的优越性，要牢牢坚持，但我们也要认识到，中国特色社会主义制度也存在一些问题，需要不断完善，我们必须为此付出极大的努力，我们要真正实现社会主义治理能力和治理体系现代化还有很长的一段路要走。

1.制度体系本身尚需进一步完善

与西方政客大都只关心自己区域内部分选民的短期利益而忽视了整个国家和世界的整体利益不同，中国的体制数十年一以贯之，并不断进行自我改革和调整，已经形成了系统完善的、关注广大民众利益的一整套制度安排。但社会是在不断前进的，随着中国现代化建设进程的不断发展，当代中国的社会治理将呈现出党委、政府、社会、公众共同治理的新局面，社会组织、广大人民群众需要广泛参与到社会治理中来，与政府一起规划社会治理的目标、设计社会治理的政策、开展社会治理实践、评估社会治理成效等，而要符合这一要求，我们的制度体系本身就需要有一个健全和完善的过程，要根据变化了的社会实践不断健全和完善相关制度，从而将各社会组织和广大民众切实纳入进来。为此，我们一方面要健全和完善现有制度，消除其中的弊端和不足，使其符合当前社会发展的需要；另一方面，要制定新的制度，使其跟得上现有新形势的发展需要。

2.制度的执行力尚需进一步加强

制度的生命力在于执行，制度执行力直接关系到党的路线方针政策能否落地见效，再好的制度不能落地生根就没有任何意义，“一分定制度，九分抓落实”。但实际上，与我们制定制度的速度和力度相比，制度的落实不尽如人意：一些地方政府过多地关注地方利益和短期利益，很多好的政策不能真正落地；一些部门推诿扯皮，逃避责任，将很多好的政策束之高阁……

如今，经过70年的发展，我们的制度建设重心应当由建章立制向制度治理转移，而落实制度的重任就在各级领导干部身上，各级领导干部尤其是主要领导干部一定要以上率下、以身作则，带头遵循制度、维护制度权威，在制度轨道上推进党的各项事业不断向前发展，努力增强全社会的制度意识，加强制度监督，力戒形式主义、官僚主义，带头抓贯彻落实，切实把中央顶层设计贯彻落实到工作的各方面、全过程，确保党中央大政方针和决策部署落地生根。

在制度执行的过程中，一是要发挥政府的主导作用，要做好宏观的社会管理和公共服务，关注解决养老、就业、教育、医疗、收入、住房、社会救济等与人民群众切身利益密切相关的问题；二是要发挥基层组织的堡垒作用，将网格化管理和社会治理结合起来，及时倾听群众诉求；三是要鼓励广大民众积极参与，采取多种形式引导群众参与进来，确保各项政策尤其是惠及民生的政策真正落地。

（三）中华民族复兴史新的里程碑

党的十九届四中全会是在“不忘初心、牢记使命”主题教育取得明显成效，党和国家机构改革胜利完成，改革开放全面深化，经济社会持续健康发展的背景下召开的。全会明确提出了坚持和完善中国特色社会主义制度、推进国家治理体系和治理能力现代化的总体目标；具体阐明了实现这一总体目标的具体要求，为中华民族伟大复兴中国梦的实现指明了方向。

1.明确了奋斗目标

全会明确提出了坚持和完善中国特色社会主义制度、推进国家治理体系和治理能力现代化的总体目标。《中国共产党第十九届中央委员会第四次会议公报》明确提出，到中国共产党成立一百年时，在各方面制度更加成熟、更加定型上取得明显成效；到2035年，各方面制度更加完善，基本实现国家治理体系和治理能力现代化；到新中国成立一百年时，全面实现国家治理体系和治理能力现代化，使中国特色社会主义制度更加巩固、优越性充分展现，这一目标的提出为我们今后30年的发展指明了具体而明确的方向，使我们在加快自我革命和社会革命这两场斗争中有了更充足的干劲和更确定的努力方向，我们将在党的领导下，在全国人民的共同努力下，取得中国特色社会主义现代化建设的新胜利！

2.分析了具体实现路径

明确目标之后更重要的是要付诸实施，我们的国家治理是治理走中国特色社会主义道路的中国，其中的一切工作或者活动都是依照中国特色社会主义制度展开的。当前中国面临中华民族伟大复兴的战略全局和世界百年未有之大变局，改革进入深水区，全面建成小康社会进入决胜期，既有重大机遇，也带来了很多风险挑战和严峻考验，在这一时期加强制度建设就显得更加迫切。

全会要解决的问题是全面深化改革要向何处去的问题和中国社会要向何处去的问题。因此，此次全会不仅强调了中国特色社会主义制度的重要作用，还从13个方面，用了13个“坚持和完善”系统地描绘了发展中国特色社会主义制度的“图谱”，详细论述了实现国家治理能力和治理体系现代化的具体实现路径，强调要把制度优势转化为治理效能。这既是一项长期的战略任务，也是当前非常重大的现实课题，其中很多任务是党的十八大以来，特别是党的十九大以来面对新形势、新任务，以习近平总书记为核心的党中央形成的重要判断，积极回应了人民群众对现实问题的关切，体现了目标性和导向性的有机统一。

3.坚定了制度自信

“中国之治”凸显了中国特色社会主义制度和国家治理体系的强大生命力和巨大优越性，我国的国家制度和国家治理体系具有深厚的马克思主义理论基础，扎根于深厚的中华文化根基之上，是符合中国实际的、已经在实践中充分证明行之有效、深得人民拥护、具有强大的生命力和巨大的优越性的制度，也是新时代我们继续推进改革开放、依法治国的基本遵循和制度保障。我们应当无比自豪，因为世界上任何一个政党都没有我们这样一个如此庞大却又行之有效的制度体系，我们应当对此有充足的自信。

在当今矛盾风云突起、社会不断变革的新时代，对社会治理能力提出了更高的要求，我们对于我们的制度也要有坚定的自信心，我们已经取得的伟大成就向世界表明，社会主义不仅能够跨越“卡夫丁峡谷”，在经济和文化比较落后的国家建立起社会主义制度，而且能够逐步构建起系统完备、科学规范、运行有效的制度体系，创造出比资本主义更高的治理效能。只要我们一以贯之，坚持和完善共建、共治、共享的社会治理制度，建设人人有责、人人尽责、人人享有的社会治理共同体，就能开创出社会主义现代化建设事业热火朝天的新局面。

“天下之势，不盛则衰；天下之治，不进则退。”中国特色社会主义制度是具有鲜明中国特色、明显制度优势、强大自我完善能力的先进制度，是当代中国发展进步的根本保障。全会立足于满足人民群众精神上的需求层面，着重打造高质量、高品质民生，并将保障人民群众基本权益作为一项制度去建设。在此基础上，把基本民生和文化建设有机结合起来，不断提升人民群众的美好生活感受，其意义是全局性的、根本性的、长远性的，丰富了马克思主义理论和科学社会主义理论。在新时代坚持和完善中国特色社会主义制度，推进国家治理体系和治理能力现代化，使中国特色社会主义制度优越性充分展现出来，我们就一定能够实现中华民族伟大复兴的中国梦！

结 语

莫说2012年到2021年的10年历史，即使是自中国共产党建立至今的百年历史，在历史长河中也只是沧海一粟；但每一个经历着这10年发展历程的中国人都应该切身感受到了这10年的深刻变迁，这种变化是建立在我们以习近平同志为核心的党中央对于中国发展的历史进程、中国特色社会主义现代化建设事业面临的形势、中国共产党自身的发展状况做出的正确判断基础之上的，这是中国一段新的历史的伟大开端，我们将在新时代走向新胜利！

“行百里者半九十。”党的十八大以来，中国特色社会主义现代化建设事业进入一个新的历史发展阶段，我们站在了新的历史起点上，解决了许多长期想解决而没有解决的难题，办成了许多过去想办而没有办成的大事，推动党和国家事业发生了历史性变革，中国人民从没有如此接近民族复兴的伟大梦想，中国人民在经历“站起来”“富起来”的历史进步后，将迈入建设现代化强国“强起来”的新时代，中国共产党在政治、经济、文化、外交、生态文明等各个方面进行了全面而深入的改革，中国的面貌焕然一新！

“千里之行，始于足下。”艰辛的奋斗才能实现伟大的梦想，强国梦的实现不可能一蹴而就，我们当前的成功只是万里长征走完了第一步，以后的路还很长，我们将会面临很多的困难和挑战，我们一定要坚定马克思主义的理想信念，牢固树立政治意识、大局意识、核心意识和看齐意识，不忘初心、牢记使命，坚决维护党中央的统一领导，在党的领导下，团结和带领全国各族人民，积极主动地进行伟大斗争，脚踏实地地贯彻以人民为中心的发展战略，真正为群众办实事、办好事，一件事接着一件事办，一年接着一年干，一步一步接近并最终实现中华民族伟大复兴的梦想！

主要参考文献

1.《习近平新时代中国特色社会主义思想学习纲要》,人民出版社2018年版。

2.《十八大以来重要文献选编》(下),中央文献出版社2018年版。

3.《习近平关于全面依法治国论述摘编》,中央文献出版社2015年版。

4.《习近平谈治国理政》,外文出版社2014年版。

5.《反腐倡廉蓝皮书:中国反腐倡廉建设性报告》,社会科学文献出版社2018年版。

6.《邓小平年谱(1975～1997)》(下),中央文献出版社2004年版。

7.《邓小平文选》第2卷,人民出版社1994年版。

8.《中共中央关于深化党和国家机构改革的决定》,人民出版社2018年版。

9.《强起来:新时代中国共产党人的历史使命》,人民出版社2018年版。

10.综合开放研究院:《中国开放褐皮书》,经济出版社2016年版。

11.《习近平关于协调推进"四个全面"战略布局论述摘编》,中央文献出版社2015年版。

12.刘伟:《经济新常态下供给侧管理具有重大意义》,《人民论坛》2015年12月(下)。

13.陈龙:《供给侧结构性改革:宏观背景、理论基础和实施路径》,《河北经贸大学学报》2016年第5期。

14.肖金成、王丽:《关于京津冀协同发展的几点思考》,《中国发展观察》2015年第7期。

15.李晓兰:《全面深化改革的民生指向》,《理论与当代》2014 年第 4 期。

16.王成勇:《转变经济发展方式的思考》,《管理观察》2014 年第 30 期。

17.白现军:《从怪圈循环到实质突破:新中国 60 年来政府机构改革历程回顾与展望》,《行政论坛》2010 年第 1 期。

18.吴江:《我国政府机构改革的历史经验》,《中国行政管理》2005 年第 3 期。

19.寇丹:《整体性治理:政府治理的新趋向》,《东北大学学报(社会科学版)》2012 年第 3 期。

20.刘勇、王怀信:《人类命运共同体:全球治理国际话语权变革的中国方案》,《探索》2019 年第 2 期。

21.杨洁篪:《倡导国际合作,维护多边主义,推动构建人类命运共同体》,《国际问题研究》2019 年第 2 期。

22.推进"一带一路"建设工作领导小组办公室:《共建"一带一路"倡议:进展、贡献与展望》,新华网,2019 年 4 月 22 日。

后 记

在建党100周年即将到来之际，回首党的光辉历程，隆重庆祝党的百年华诞，从2018年10月开始，我们对党的十八大以来的发展历史进行了专项研究，经过反复研讨，多番修改，终于完成了《砥砺奋进的新时代》一书。

本书截稿时，正是全国人民在党的带领和部署下，众志成城，万众一心，共同对抗新冠病毒的时期，这是另一场没有硝烟的艰苦卓绝的战争。在党的统一领导下，在全国人民的共同努力下，我们一定能取得胜利！

在本书写作过程中，我们大量参阅并吸收了学者们的相关研究成果，在此表示衷心的感谢，如有遗漏深表歉意。此外，张海洋、张智超、吴百超、冯诗楠四位研究生和我的外甥邬常昊、邬常晔牺牲了宝贵的假期，参与了本书的校稿工作，在此一并表示感谢！

由于笔者学识和能力有限，本书还存在一些不足之处，恳请各位学者和广大读者批评指正。

葛丽

2020年4月